AF608725

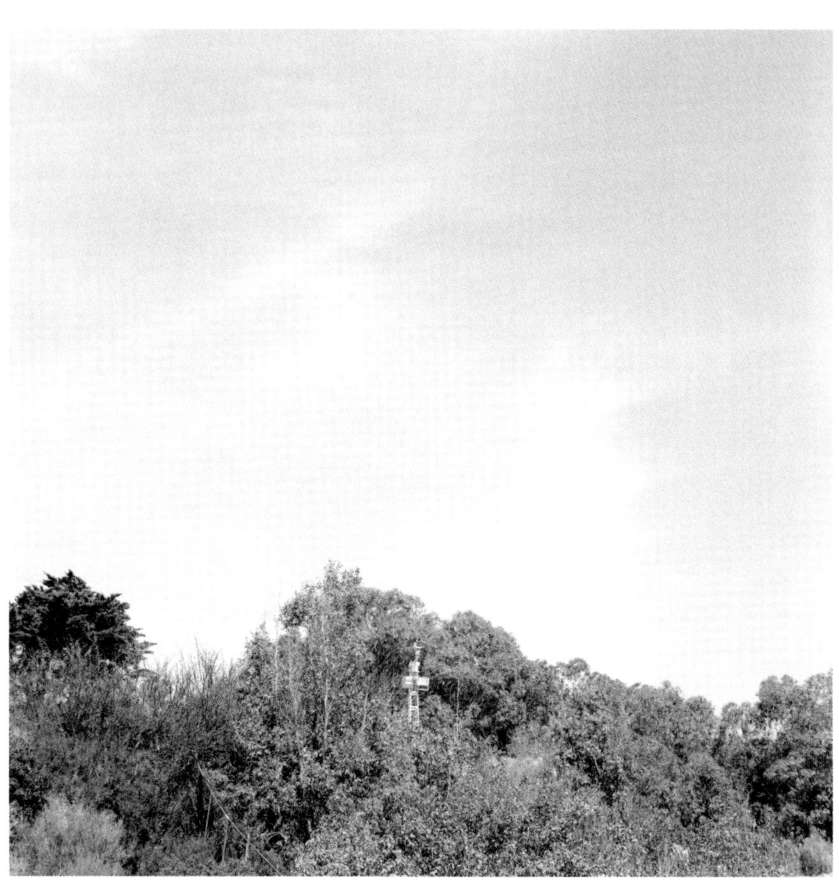

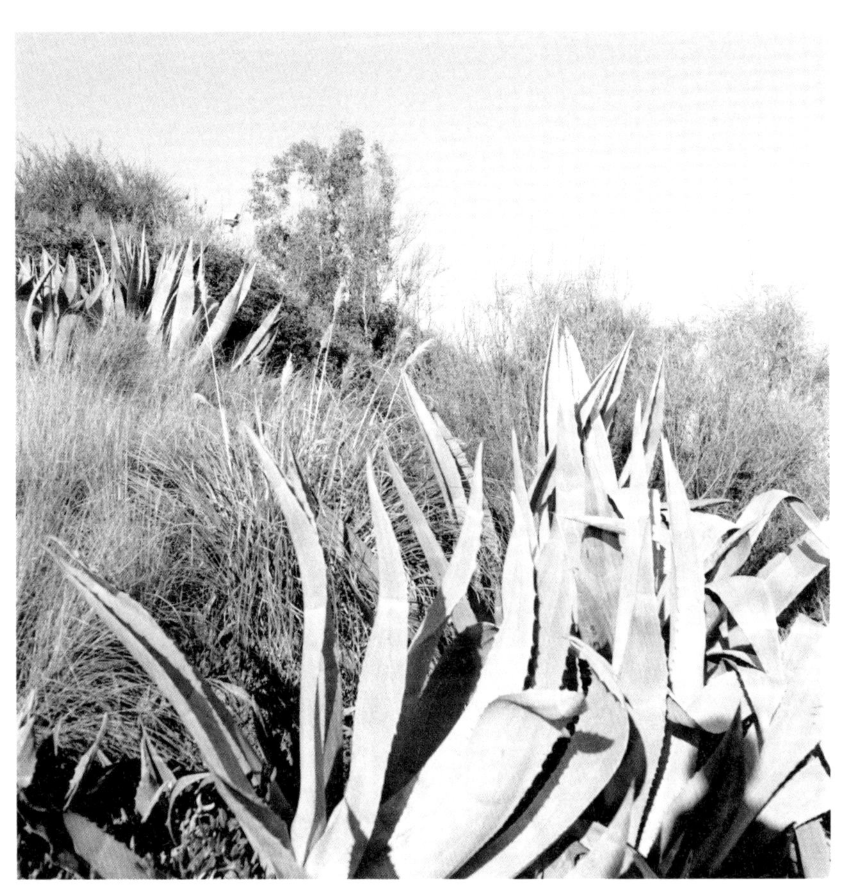

UP AROUND THE BEND

CHRISTIAN LAGATA

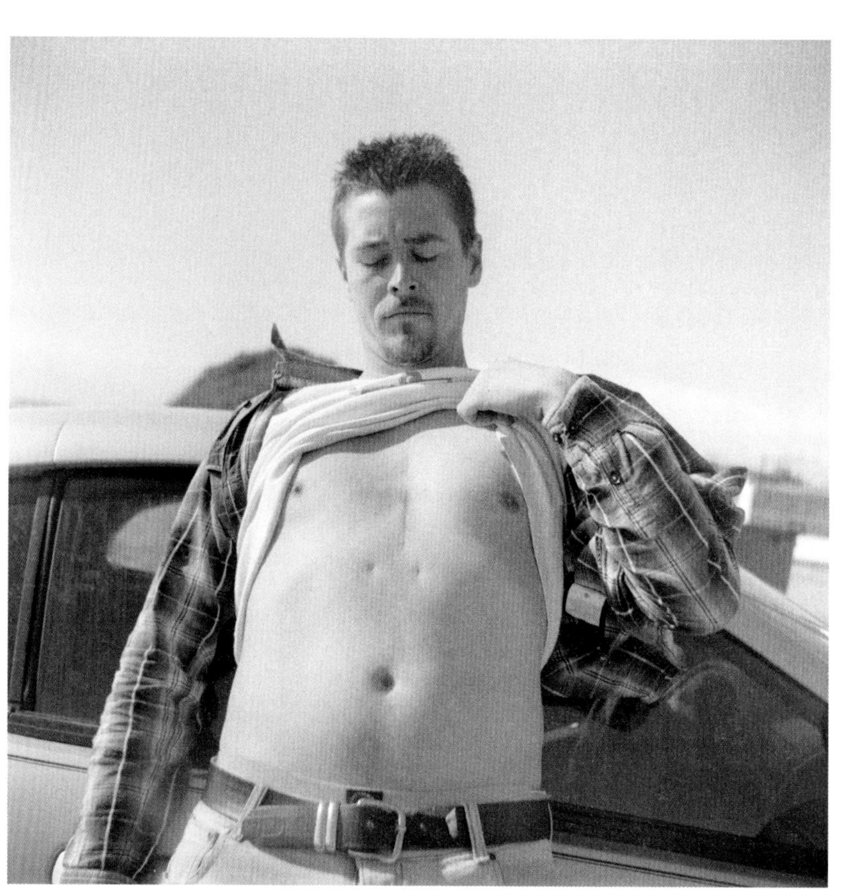

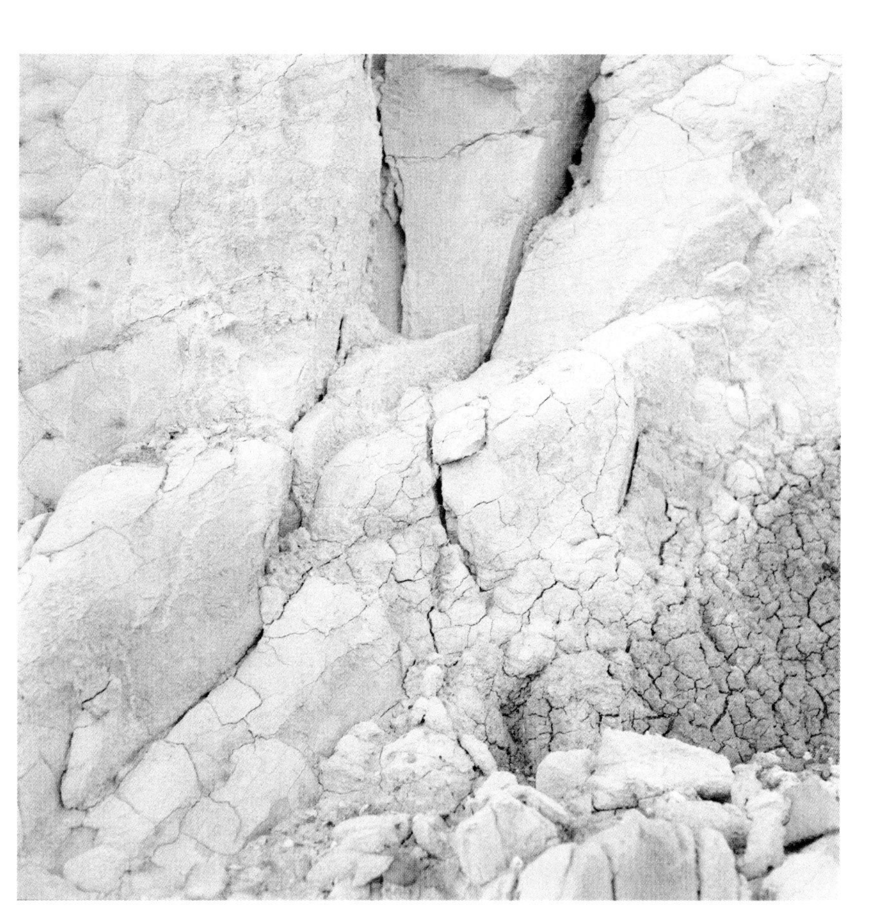

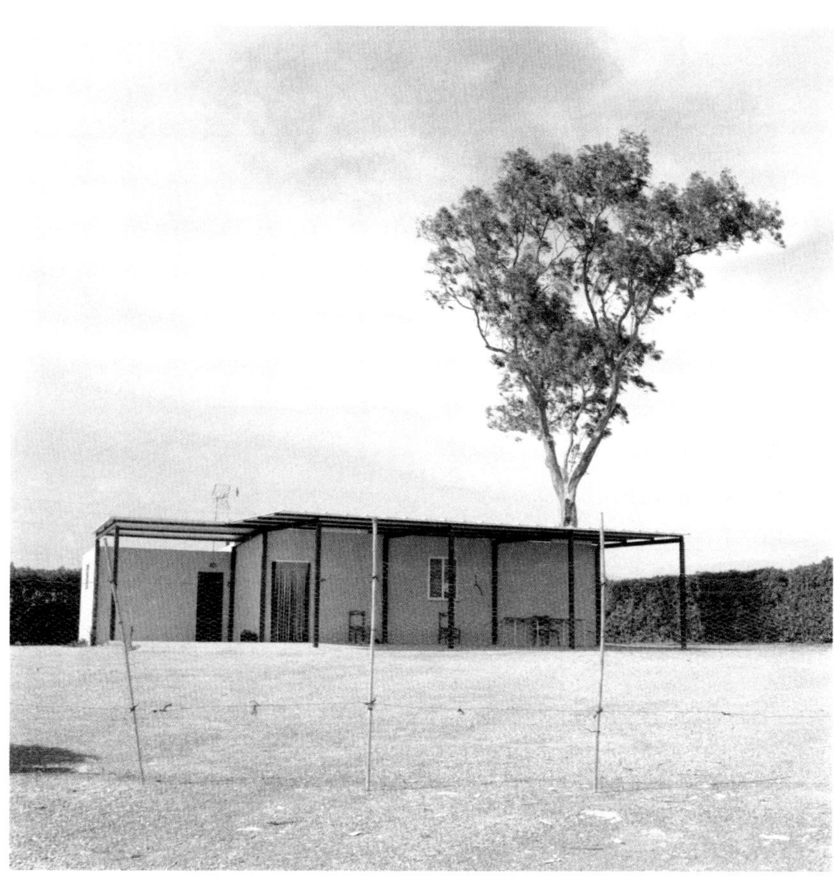

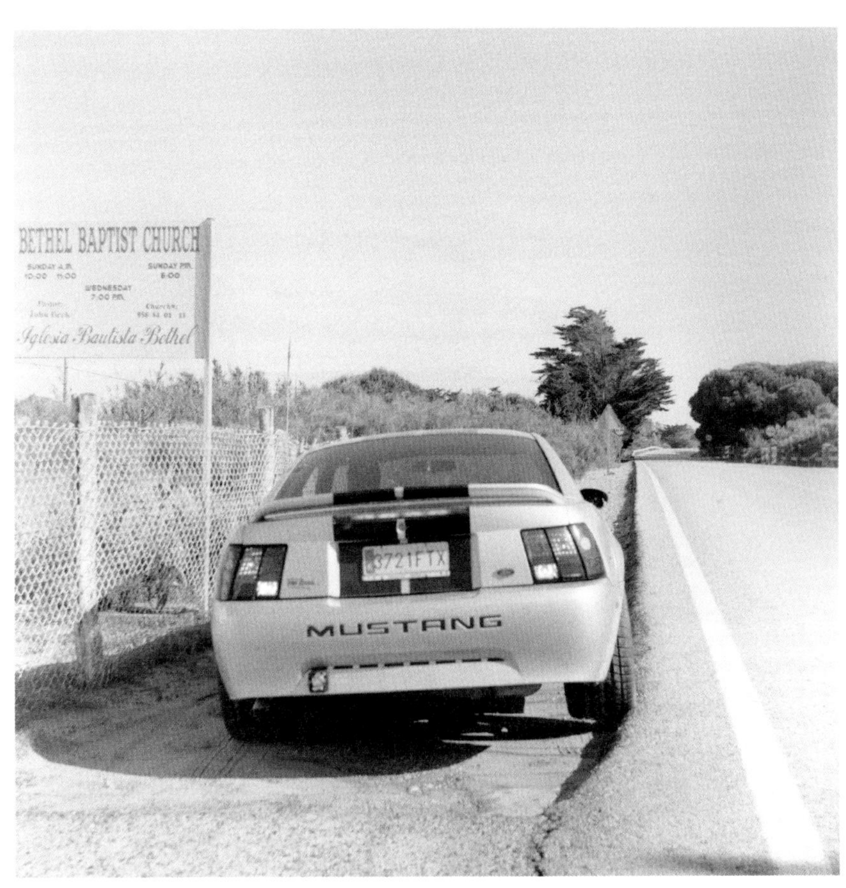
BETHEL BAPTIST CHURCH
SUNDAY A.M.
10.00 11.00
SUNDAY P.M.
WEDNESDAY
7.00 P.M.
Iglesia Bautista Bethel
3721FTX
MUSTANG

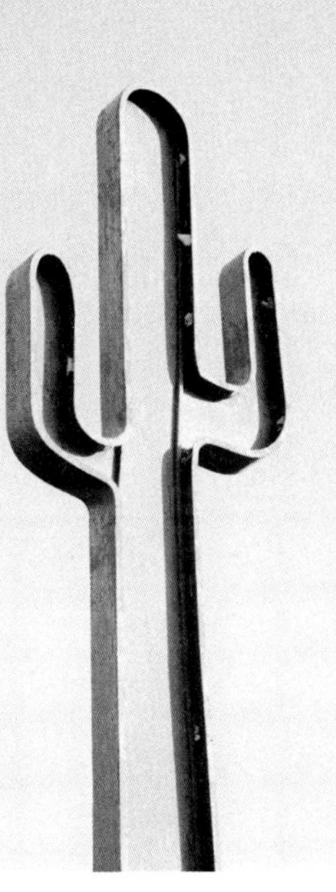

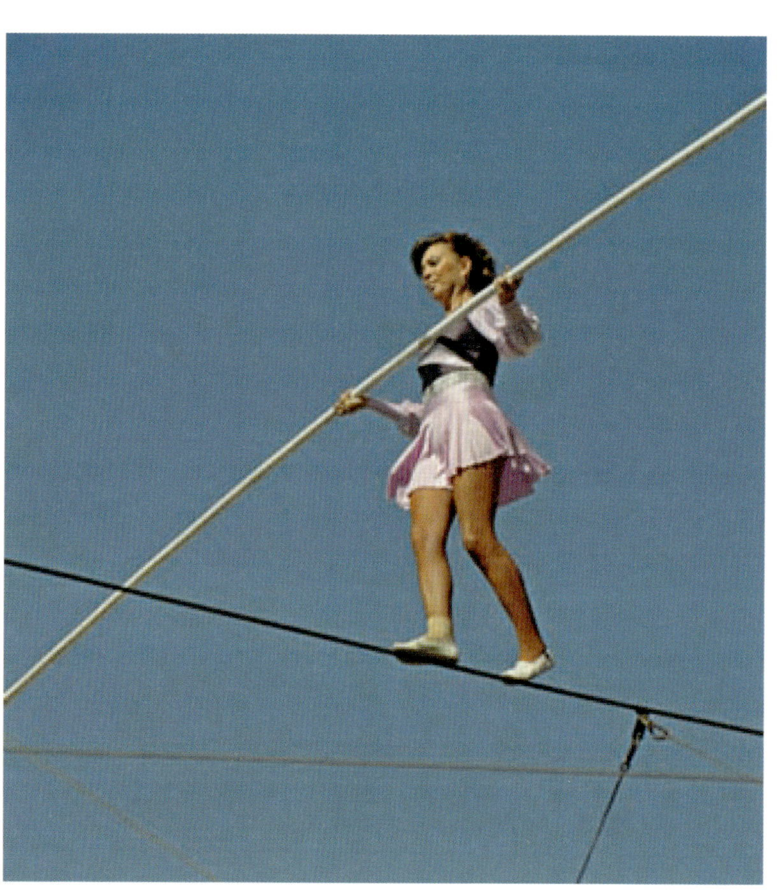

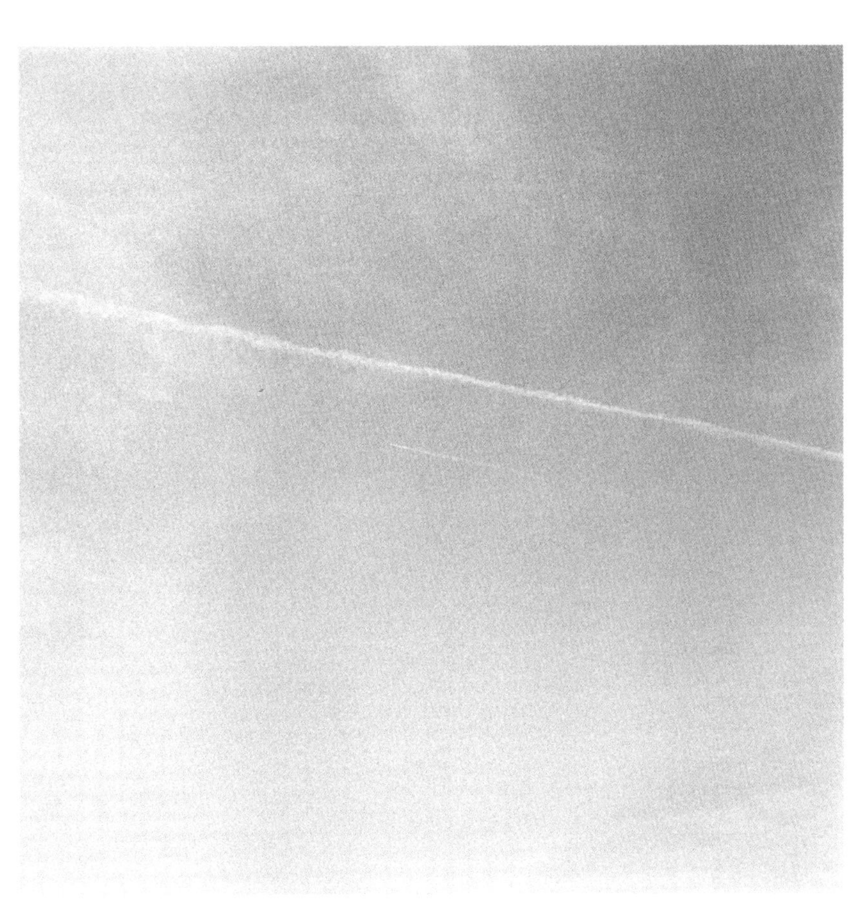

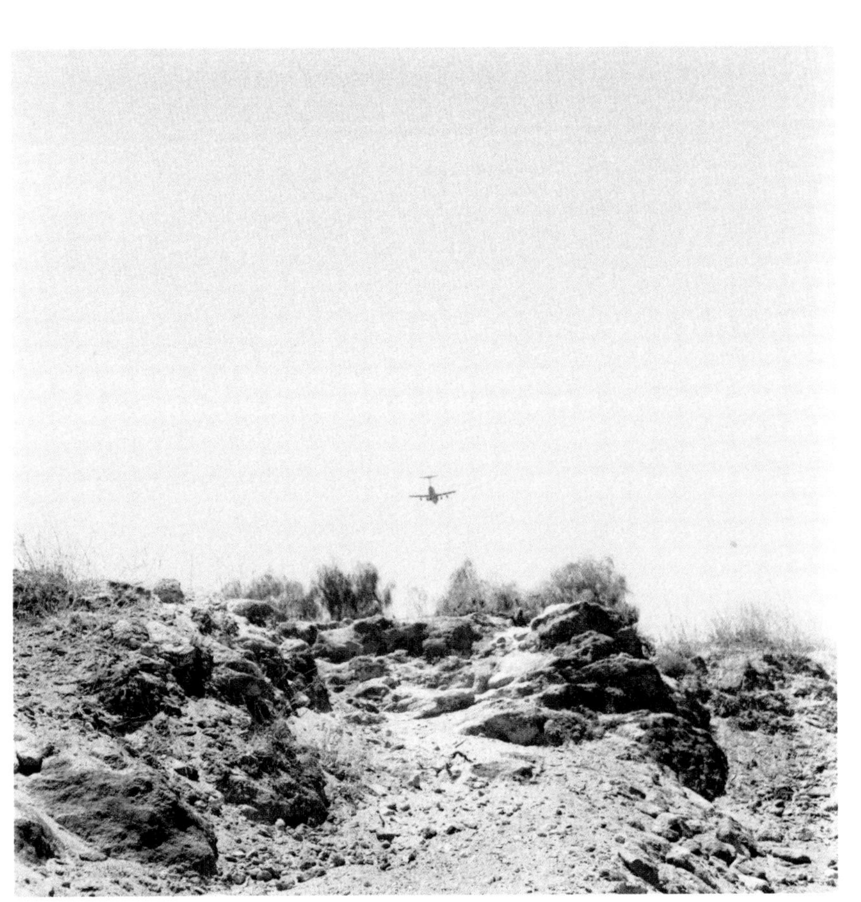

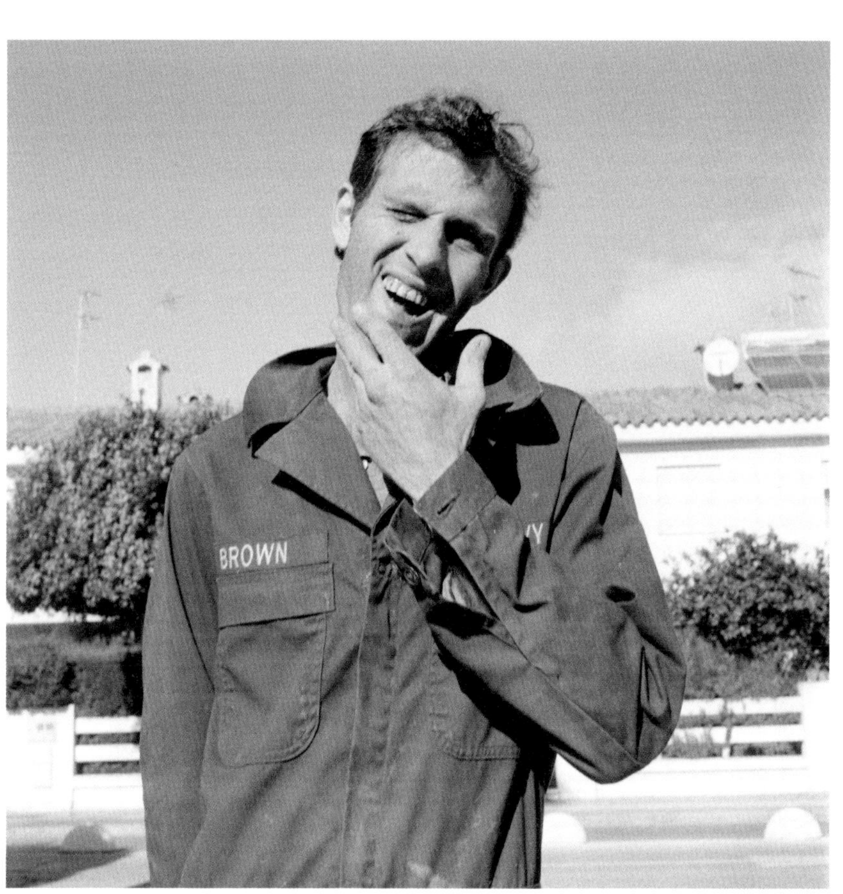
BROWN

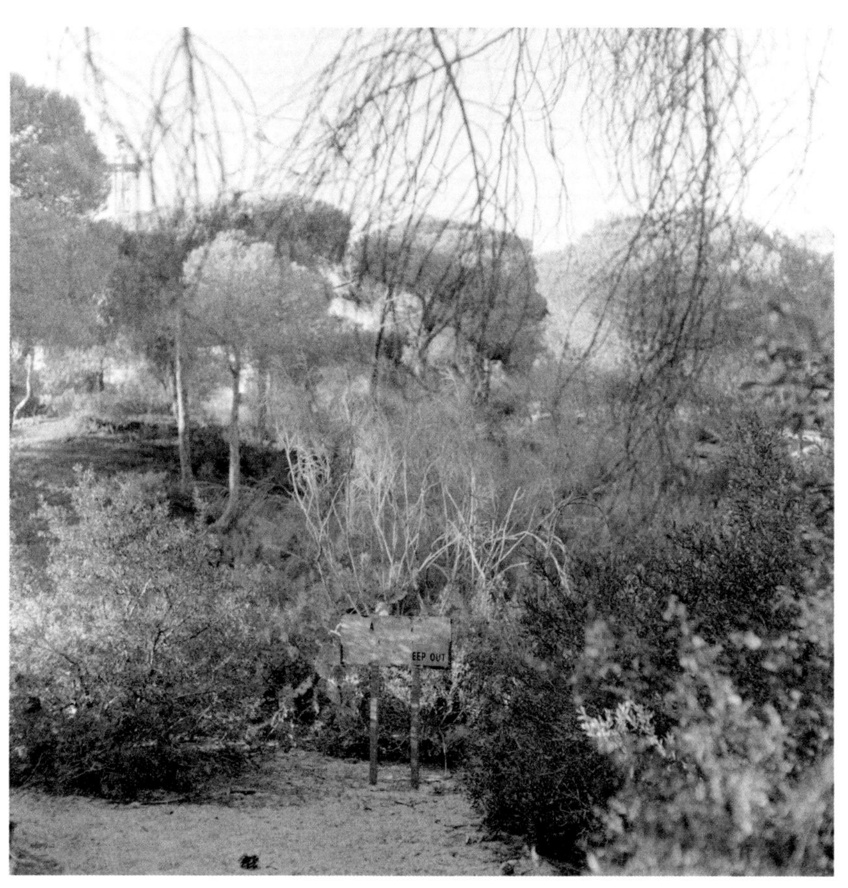
EEP OUT

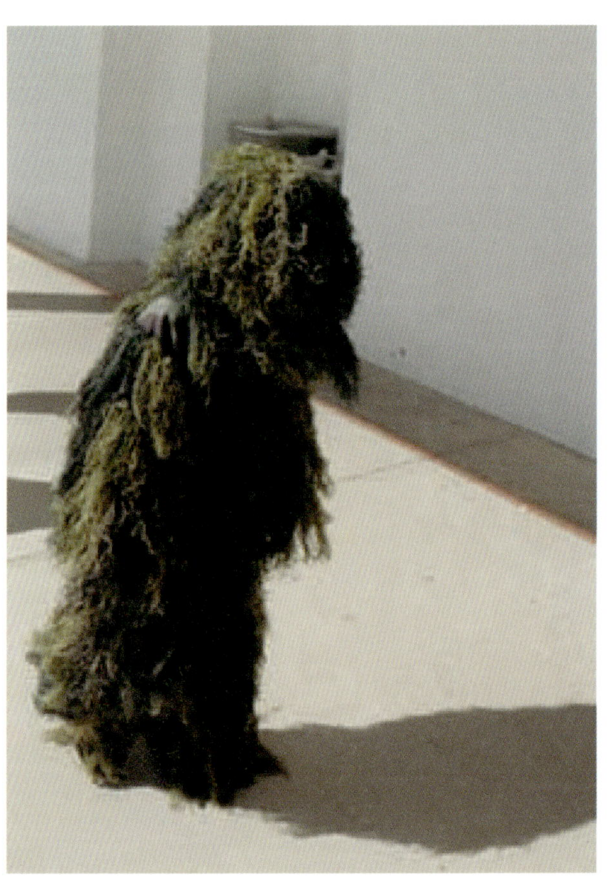

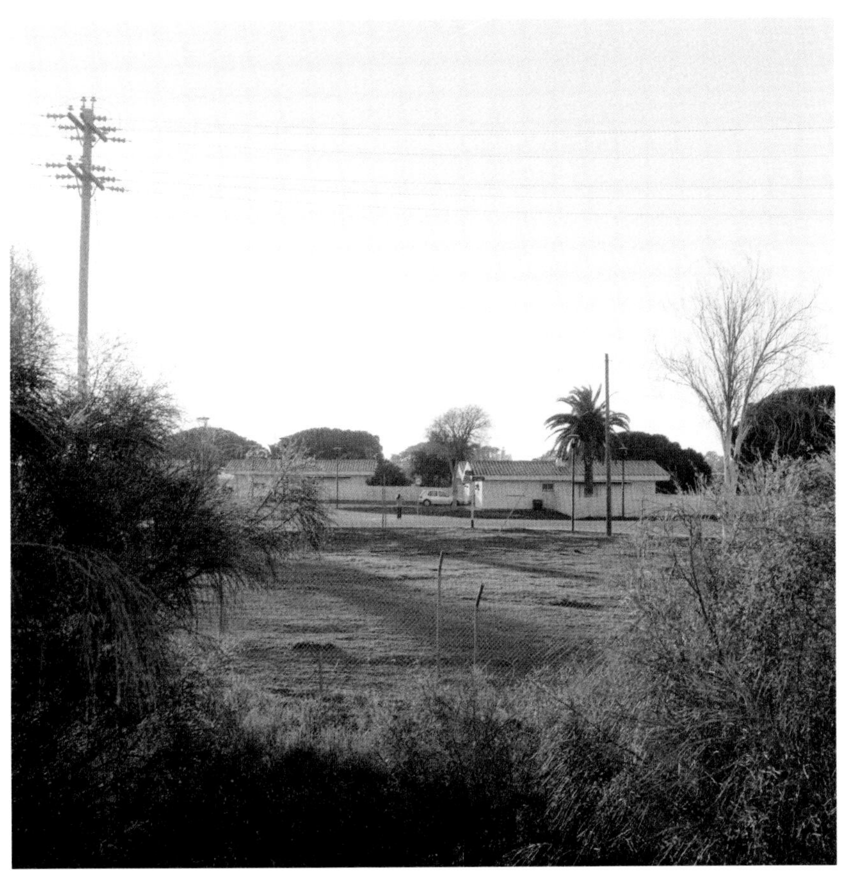

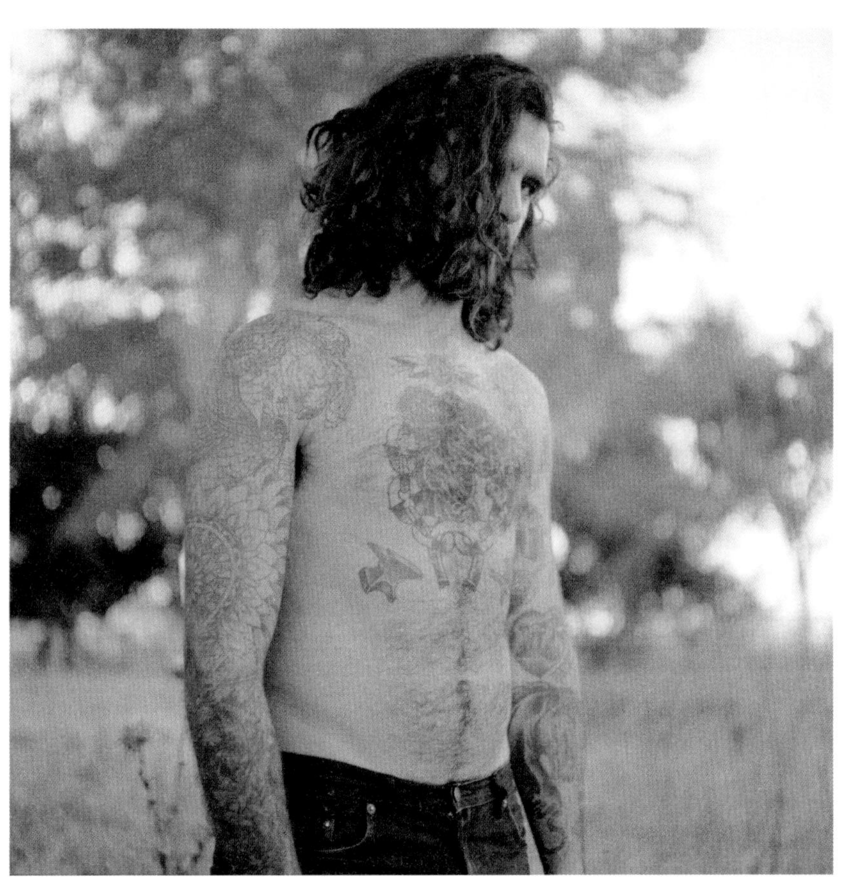

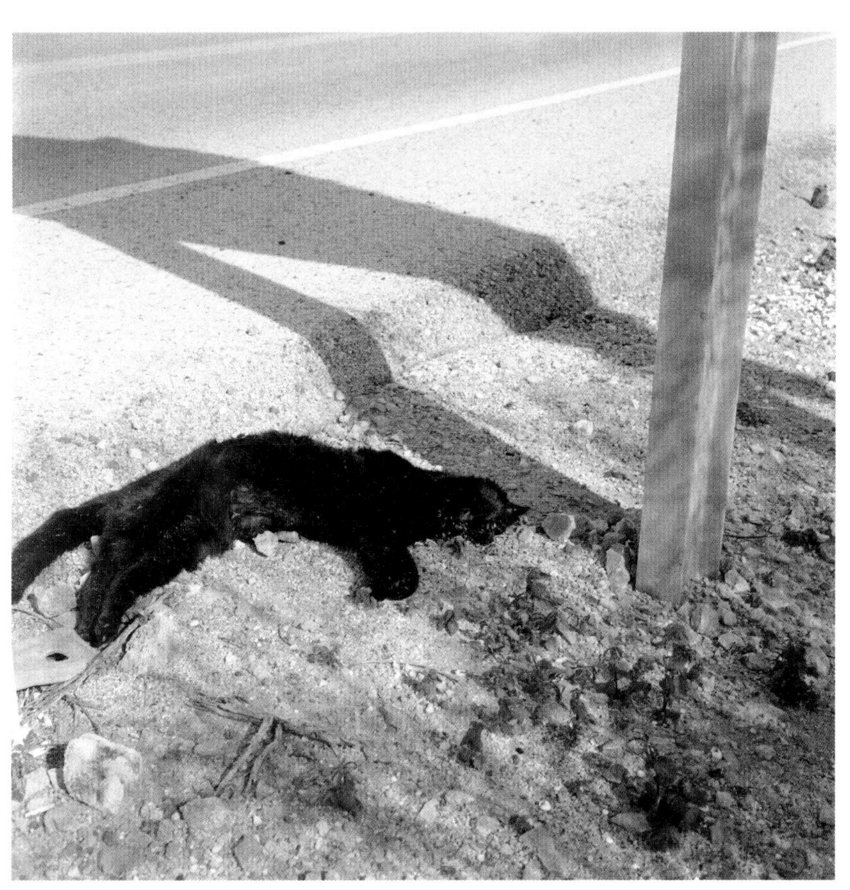

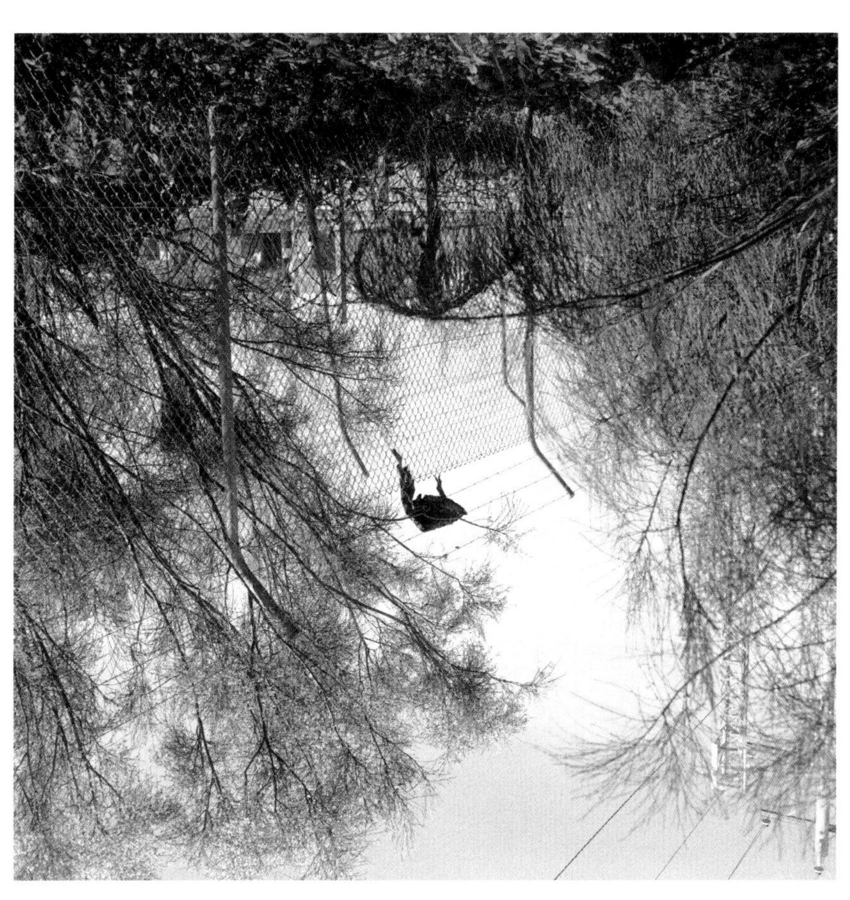

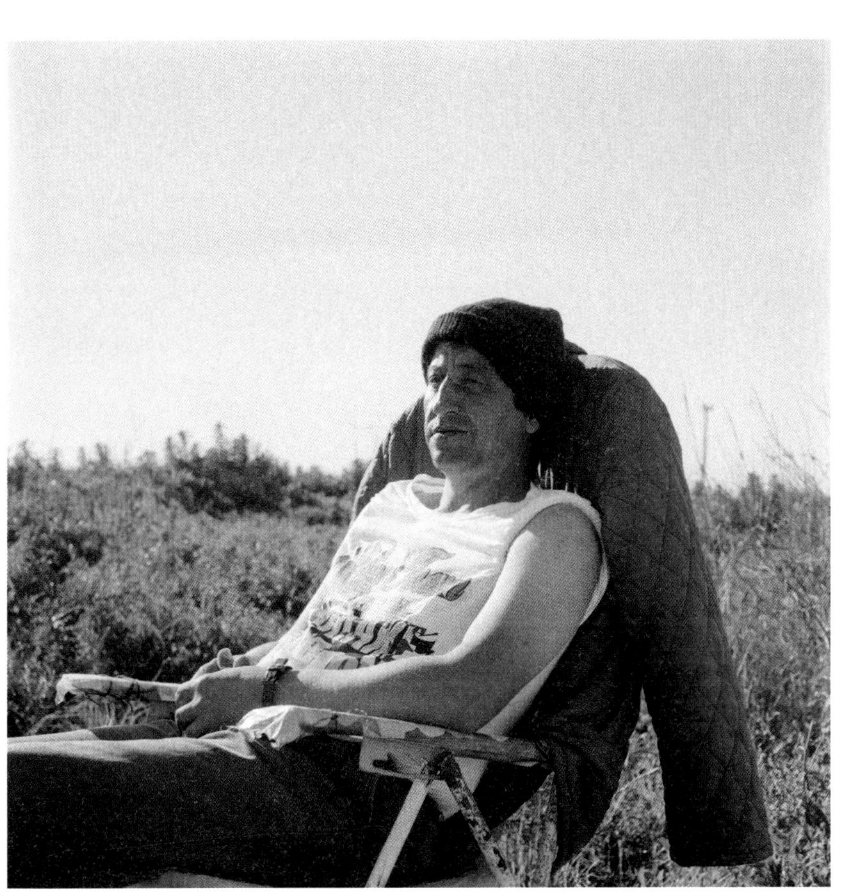

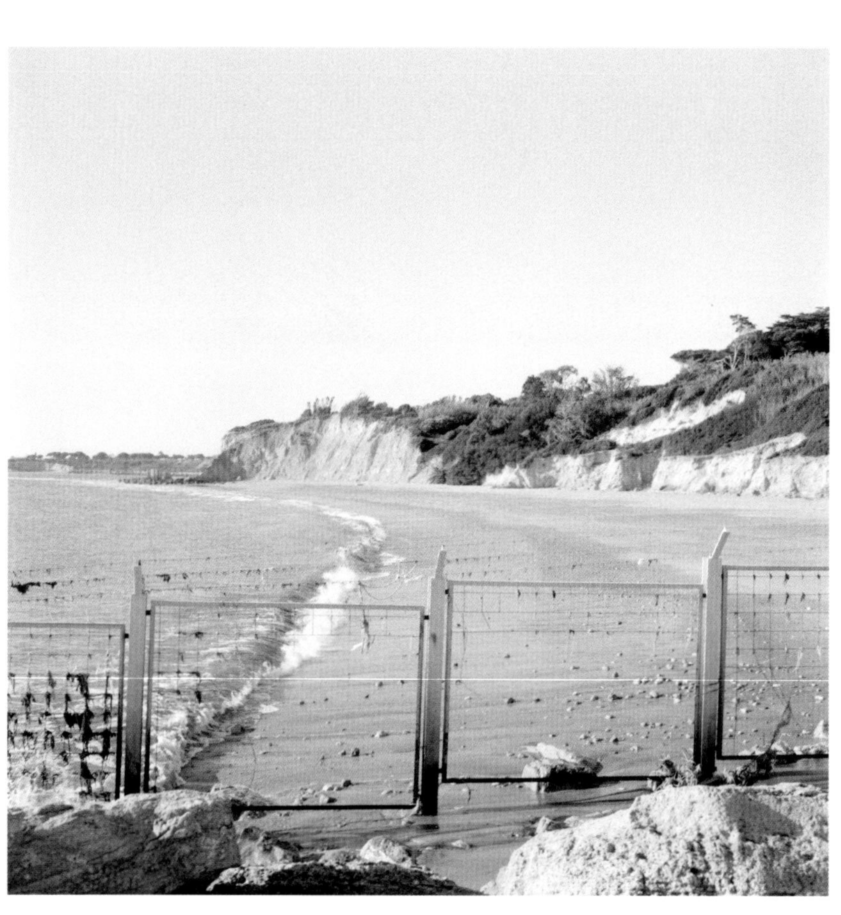

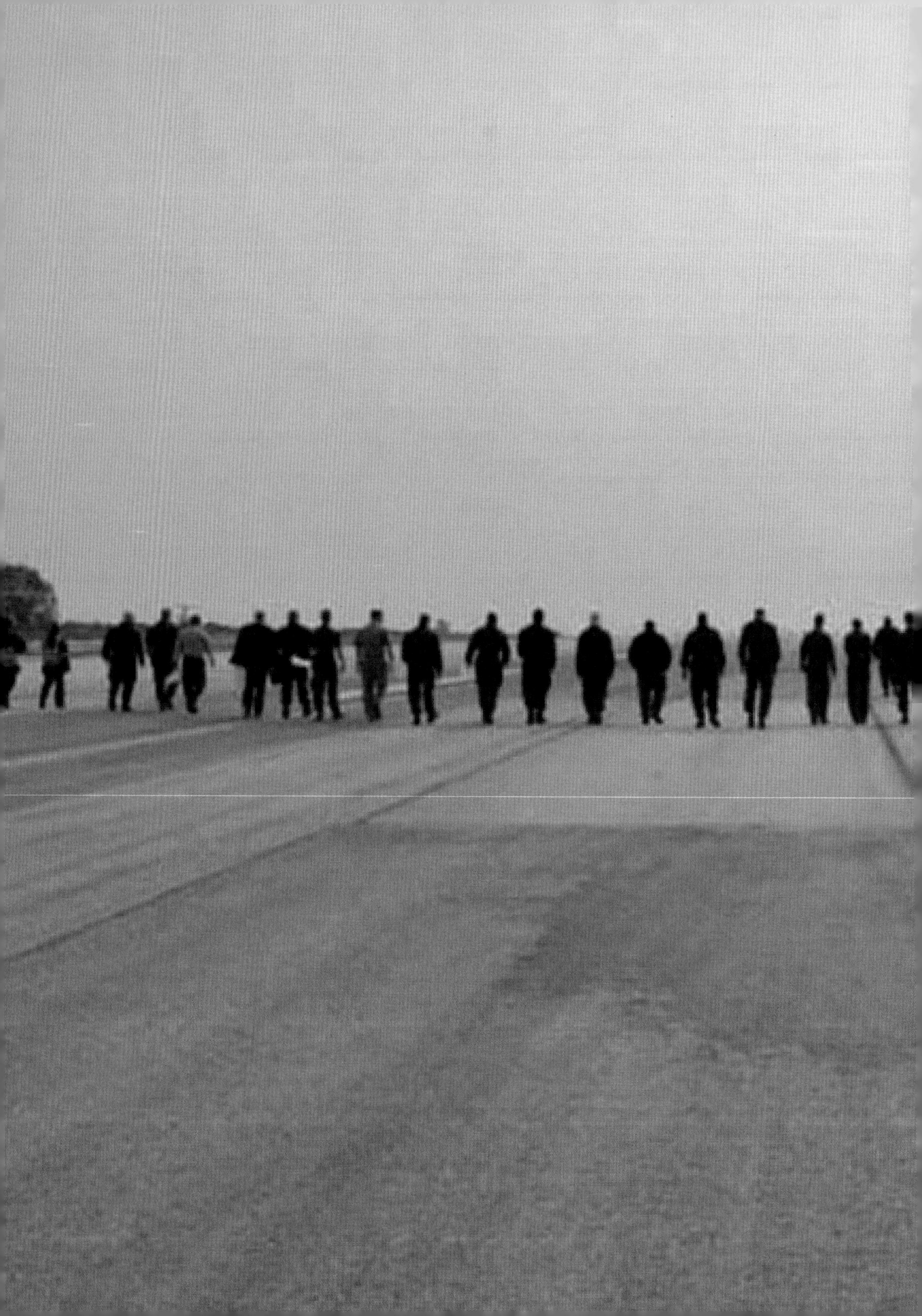

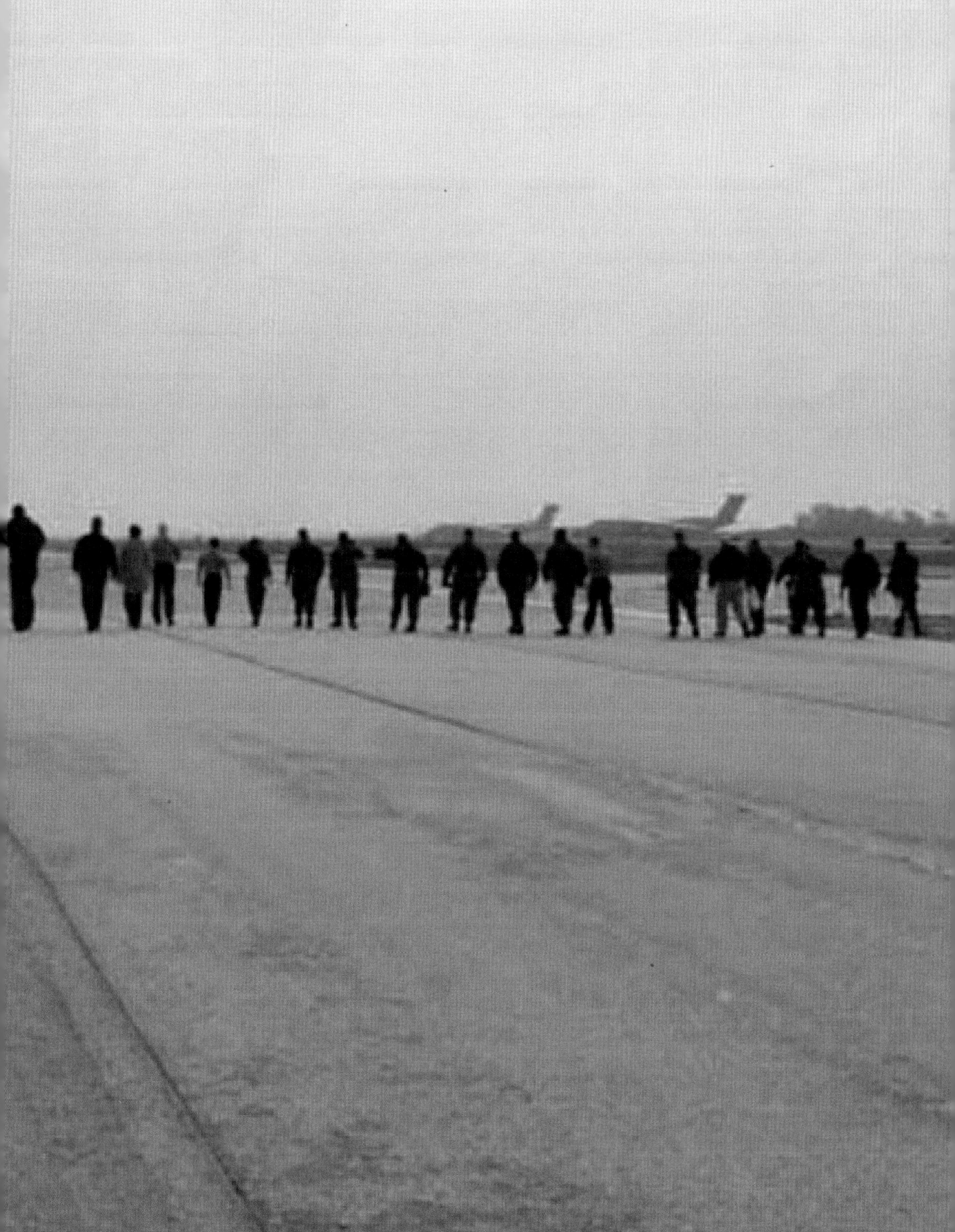

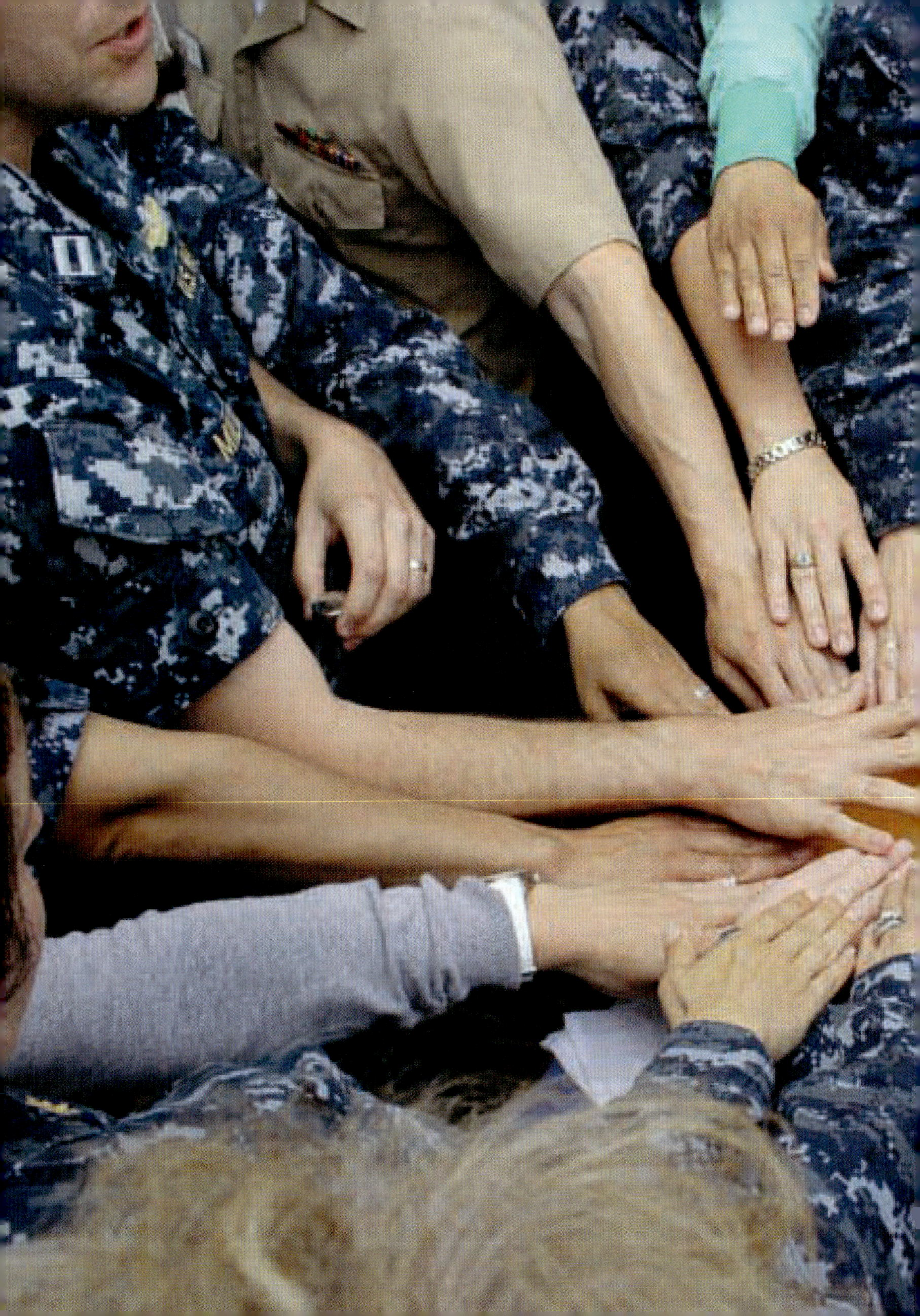

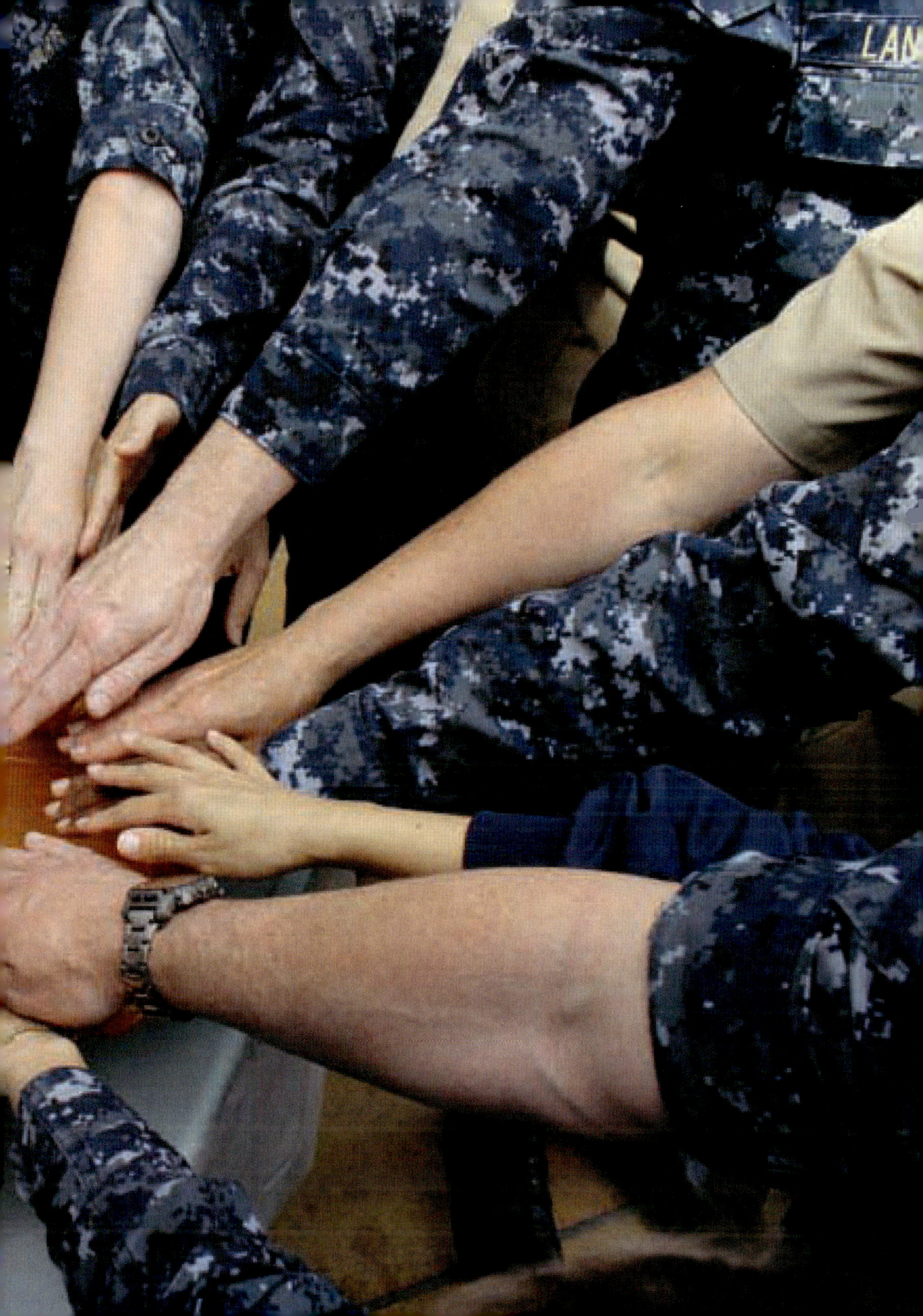

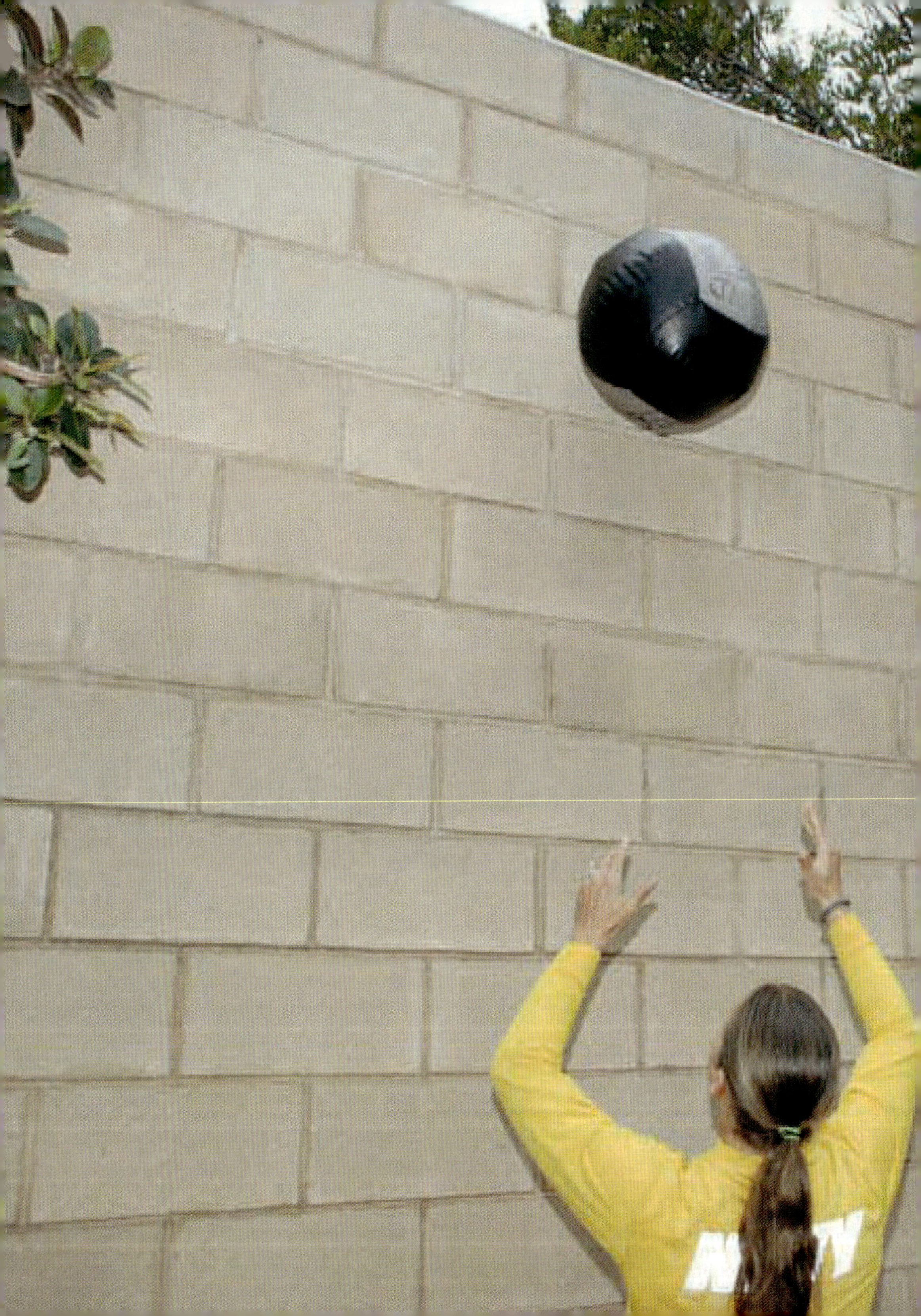

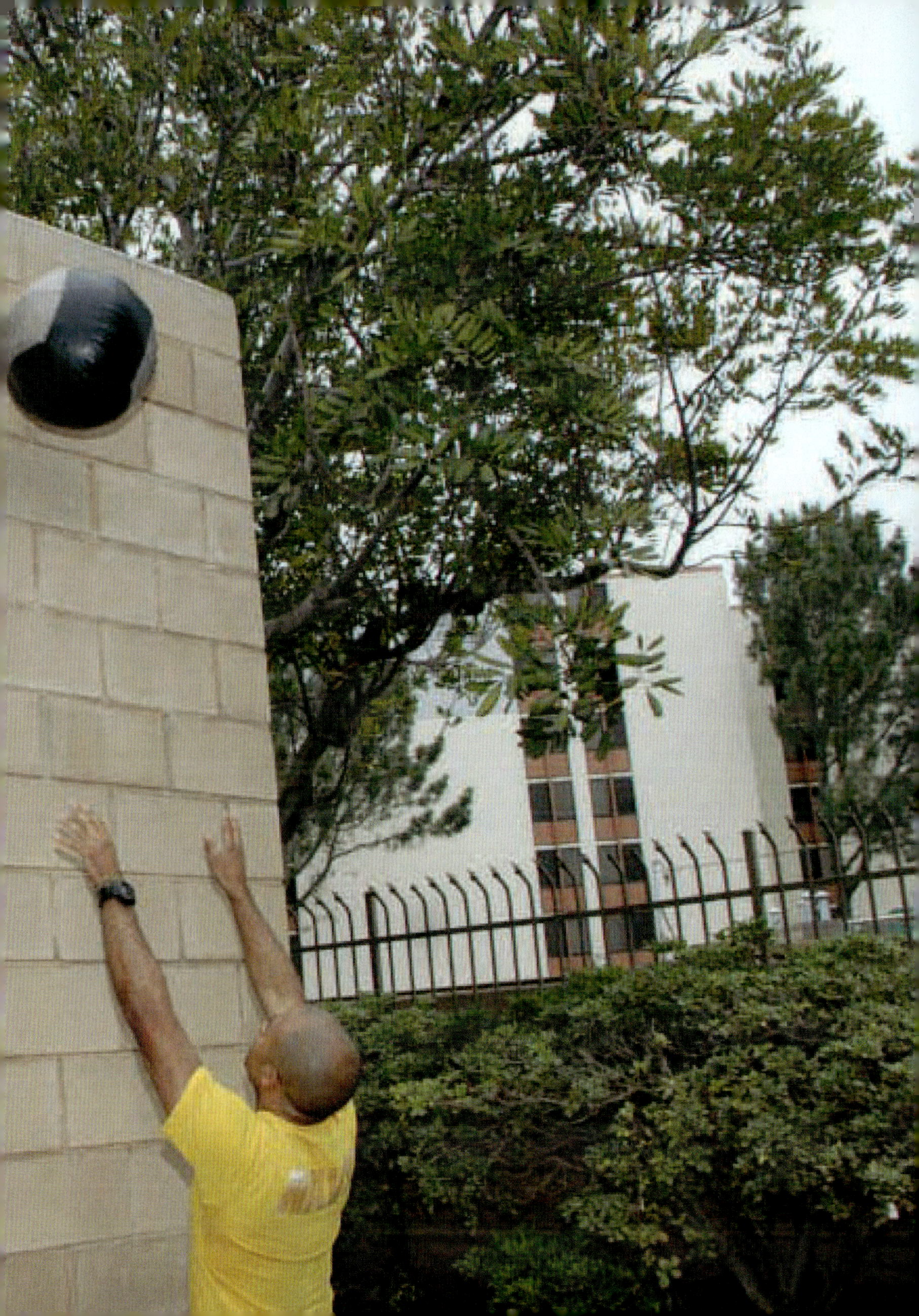

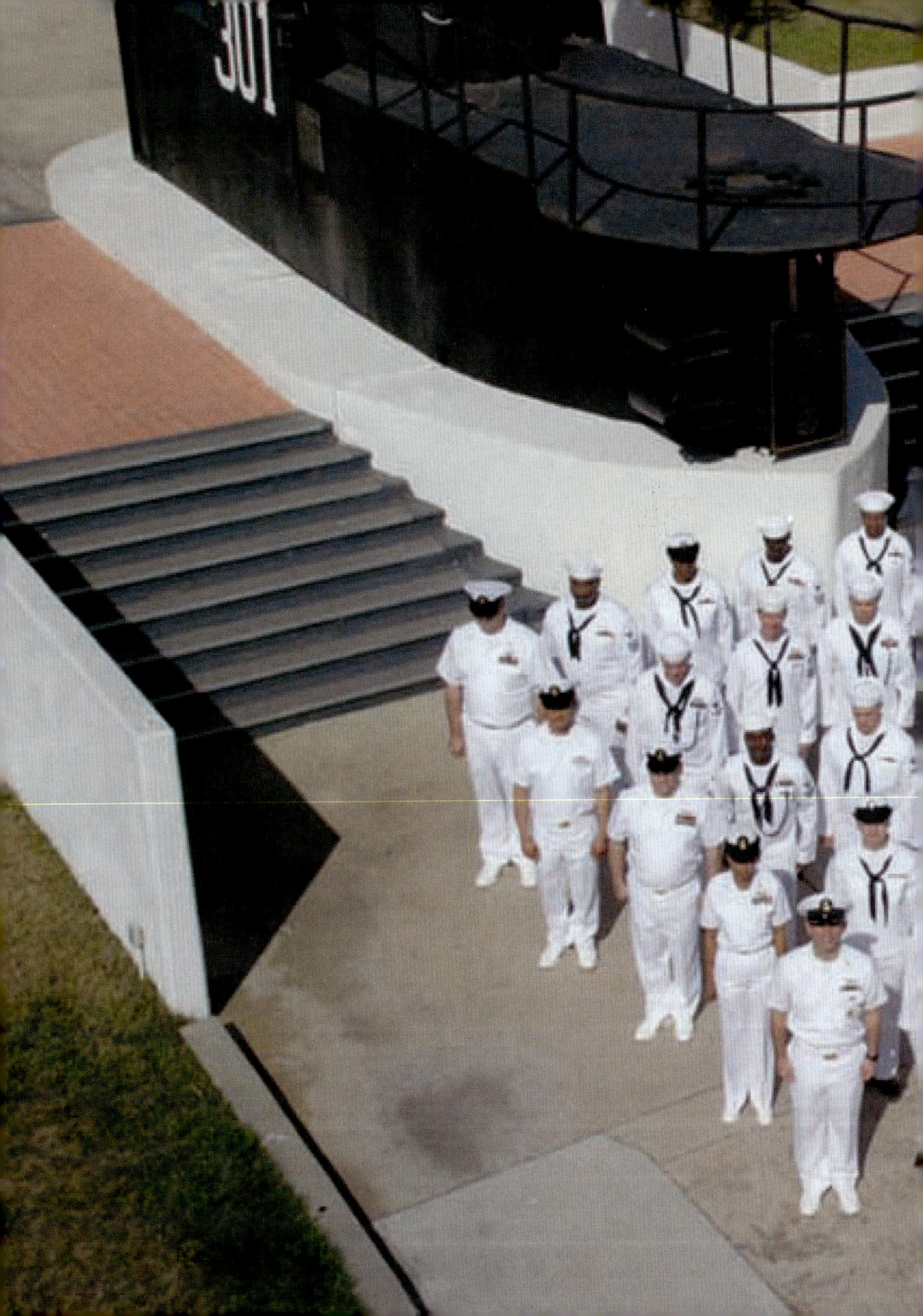
301

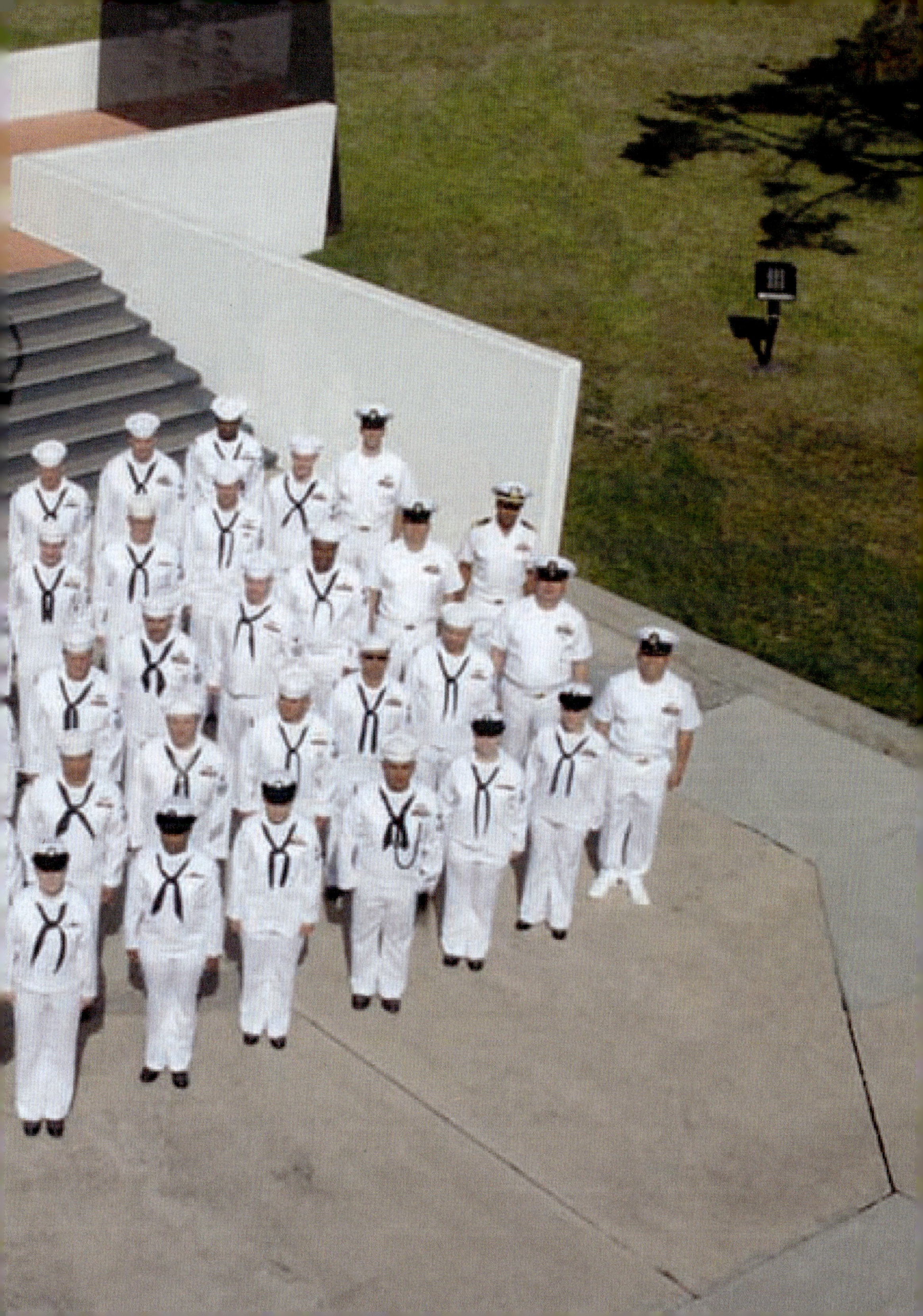

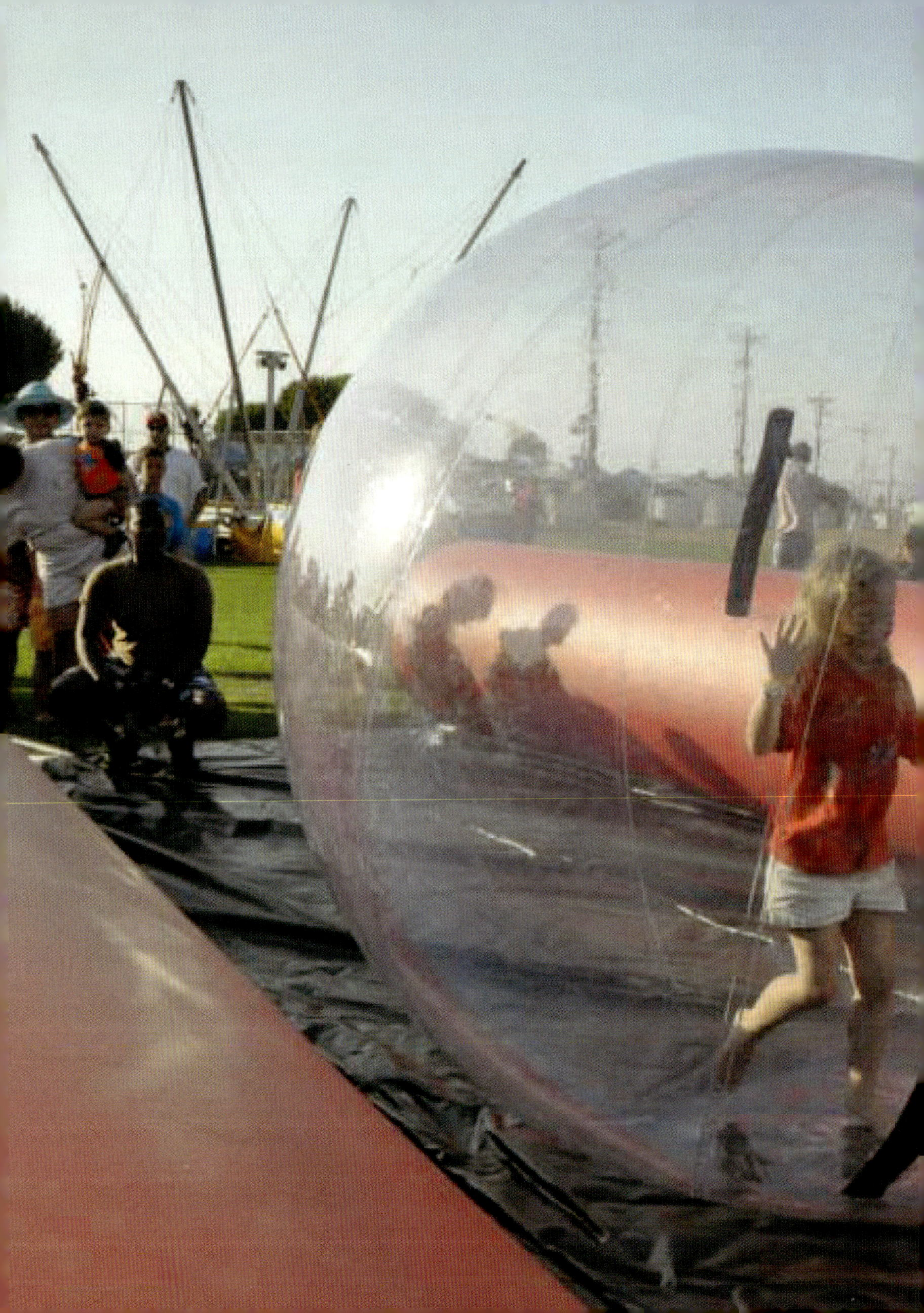

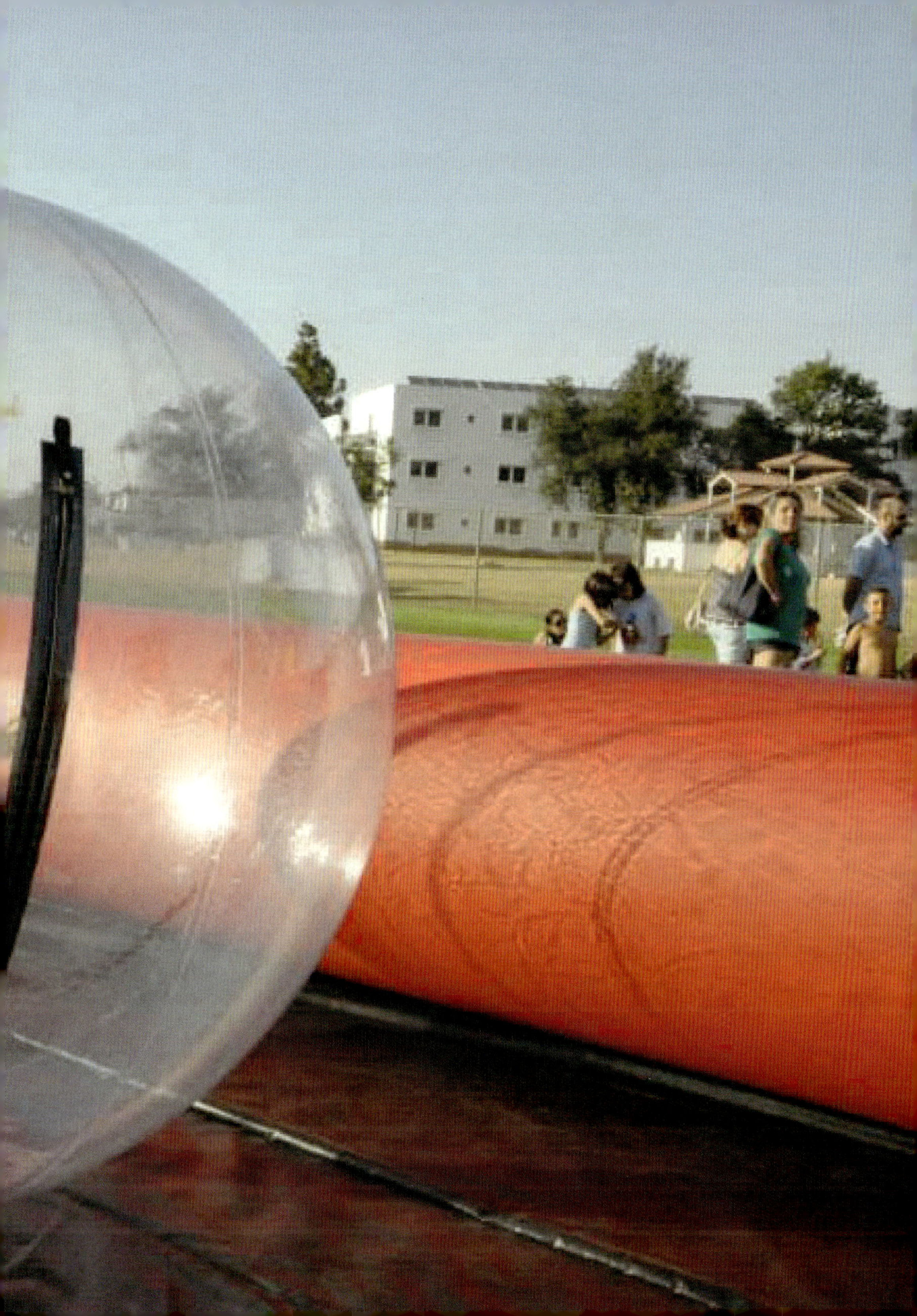

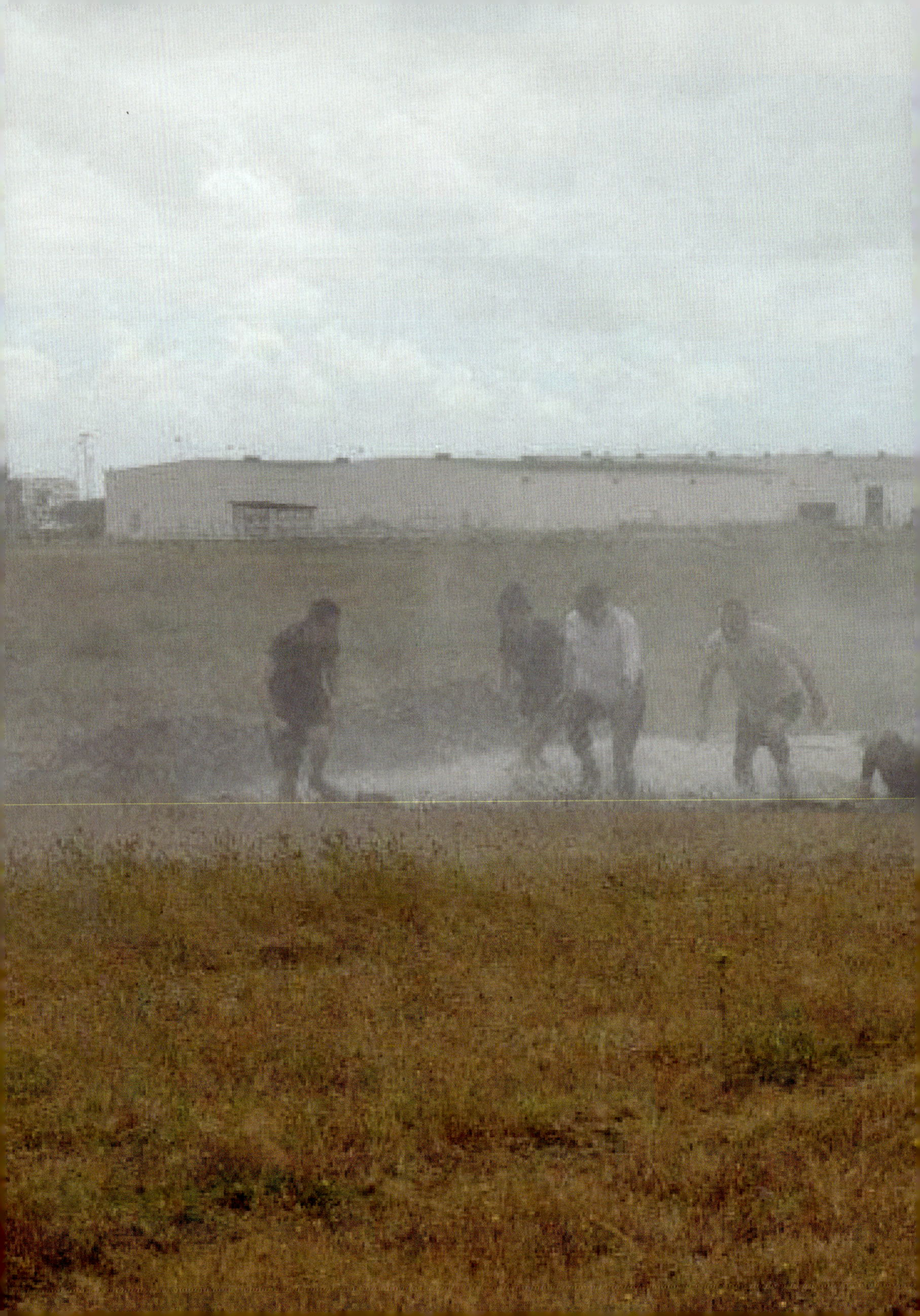

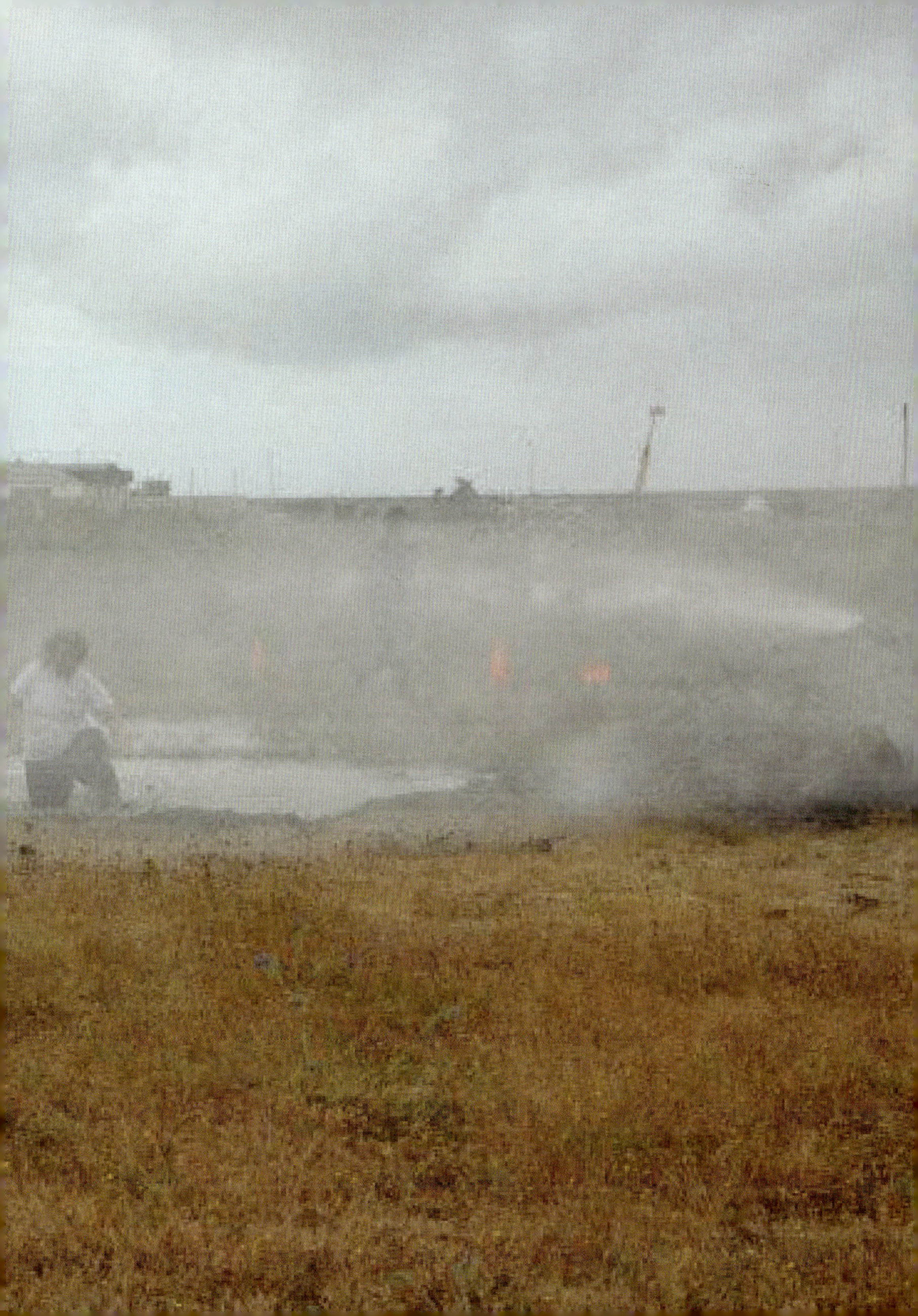

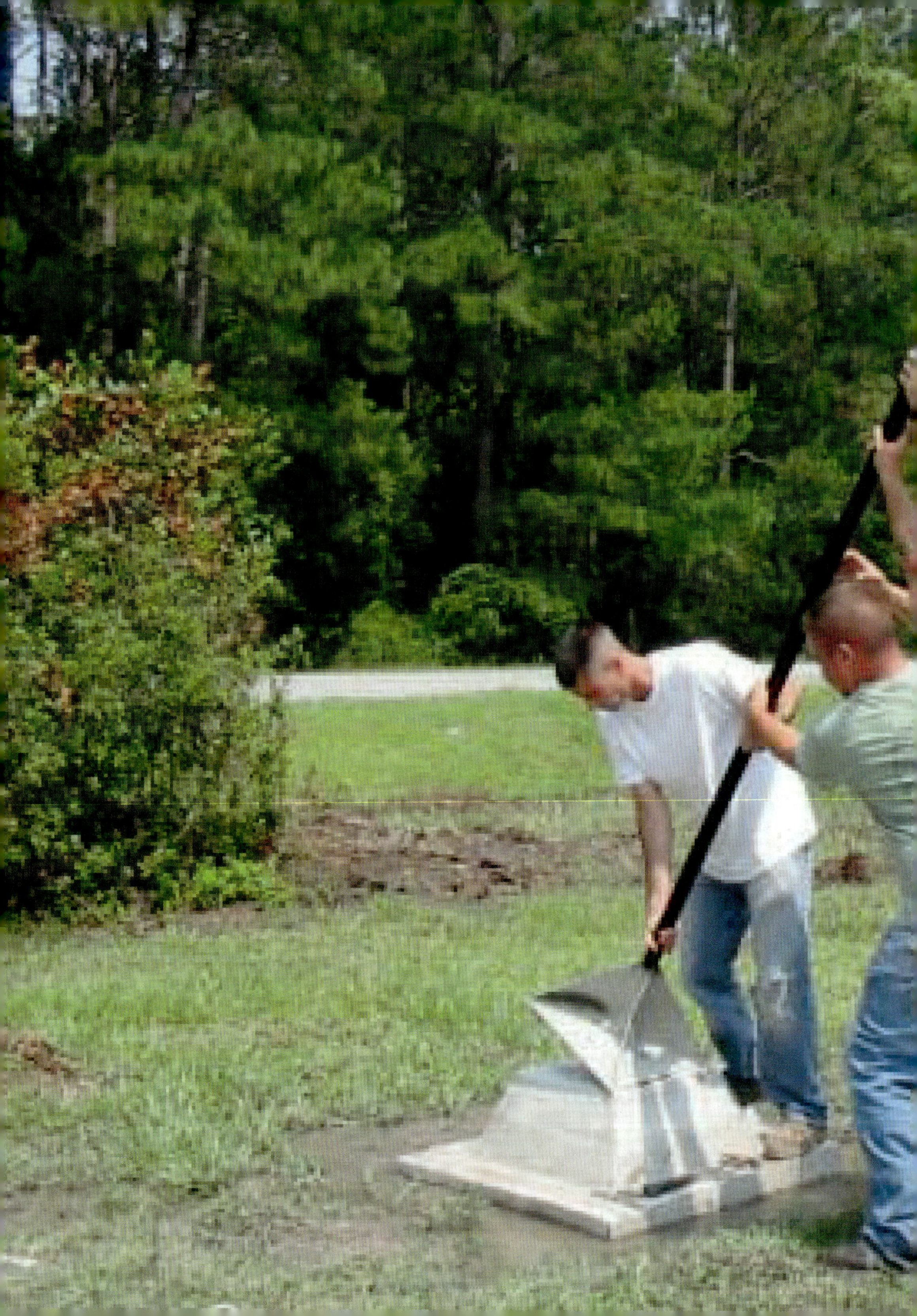

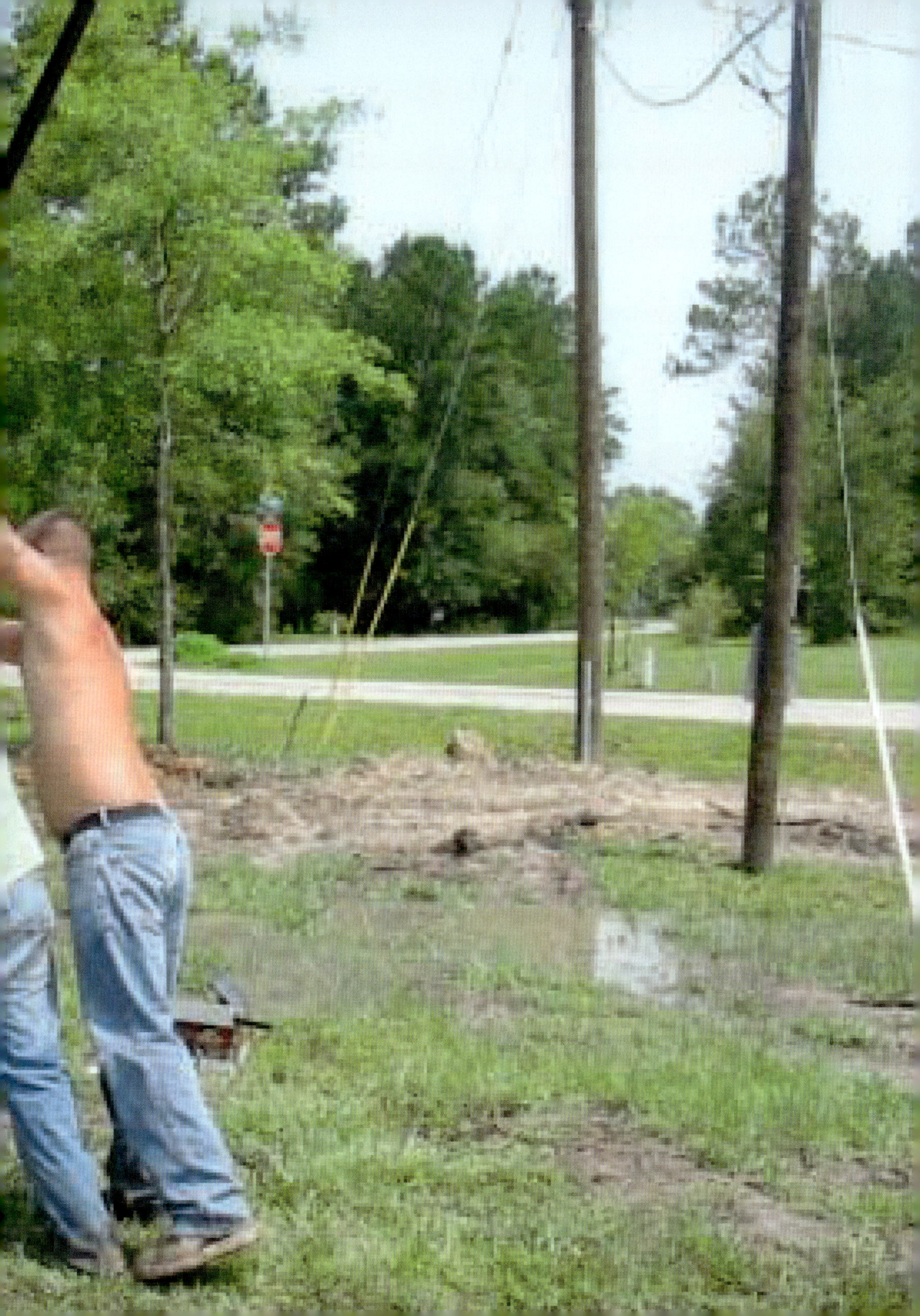

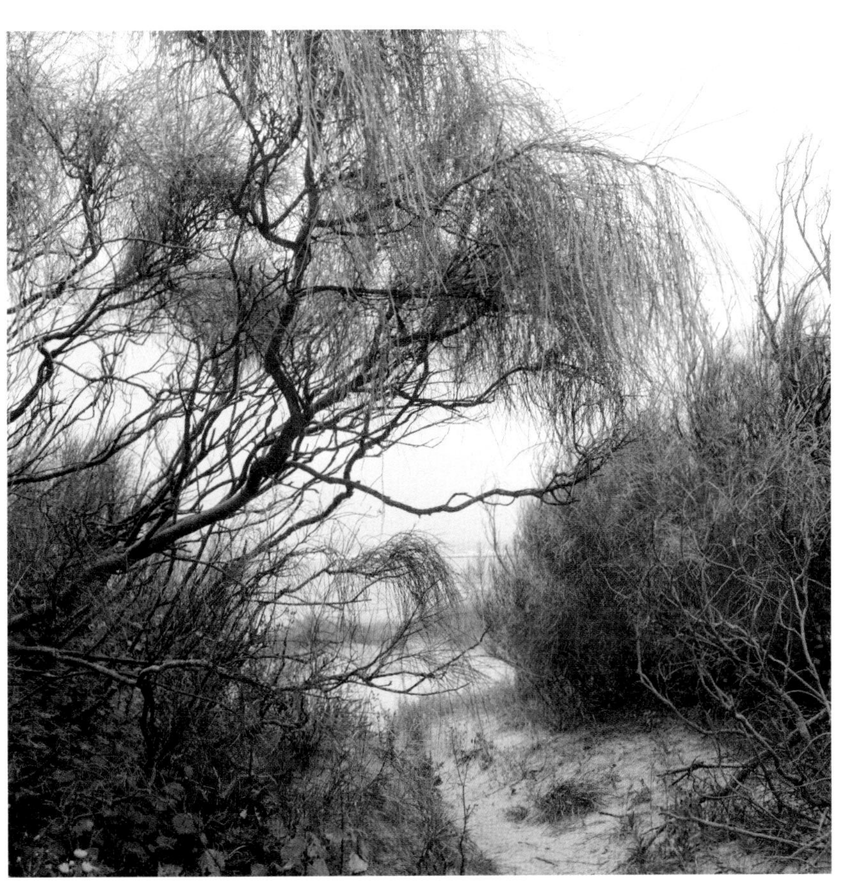

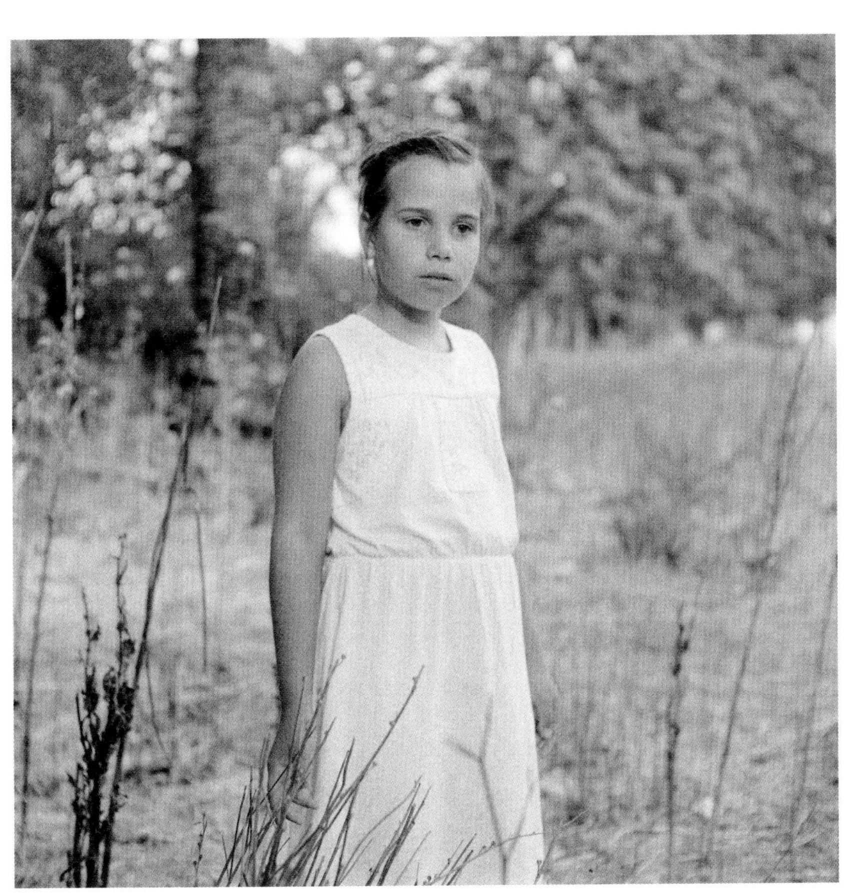

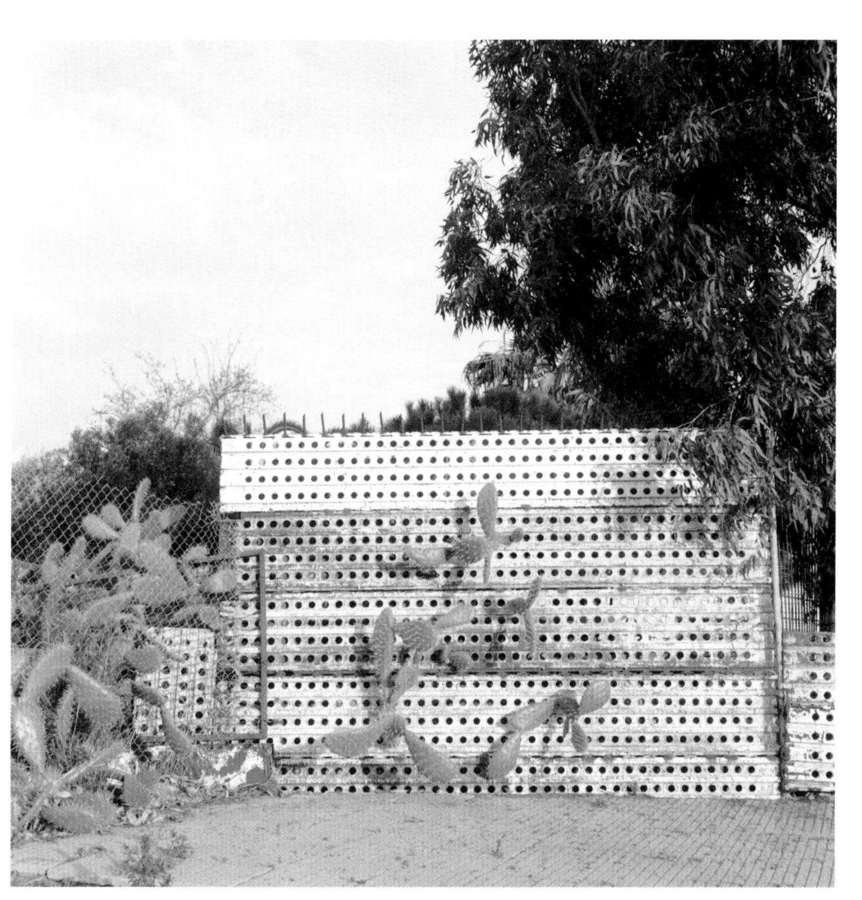

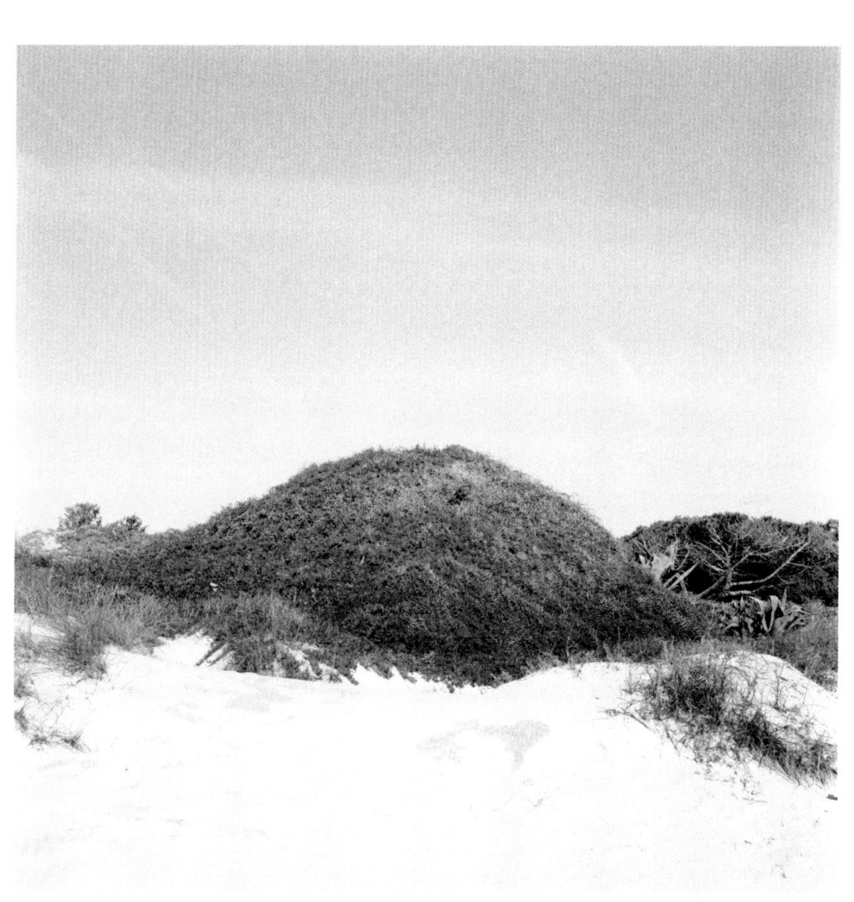

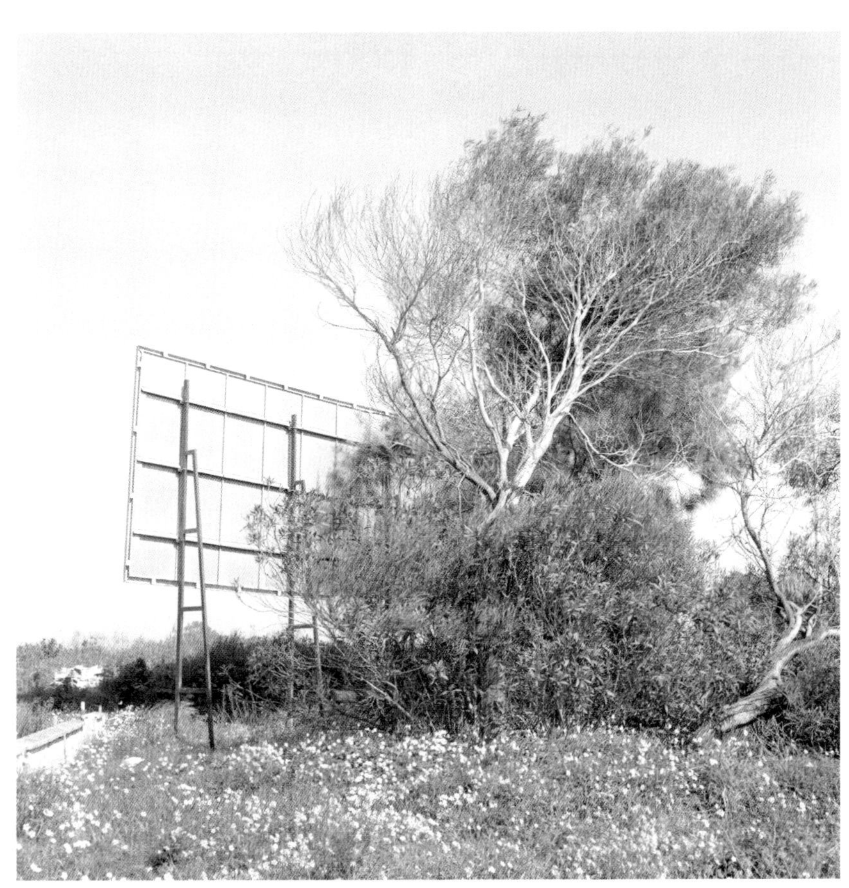

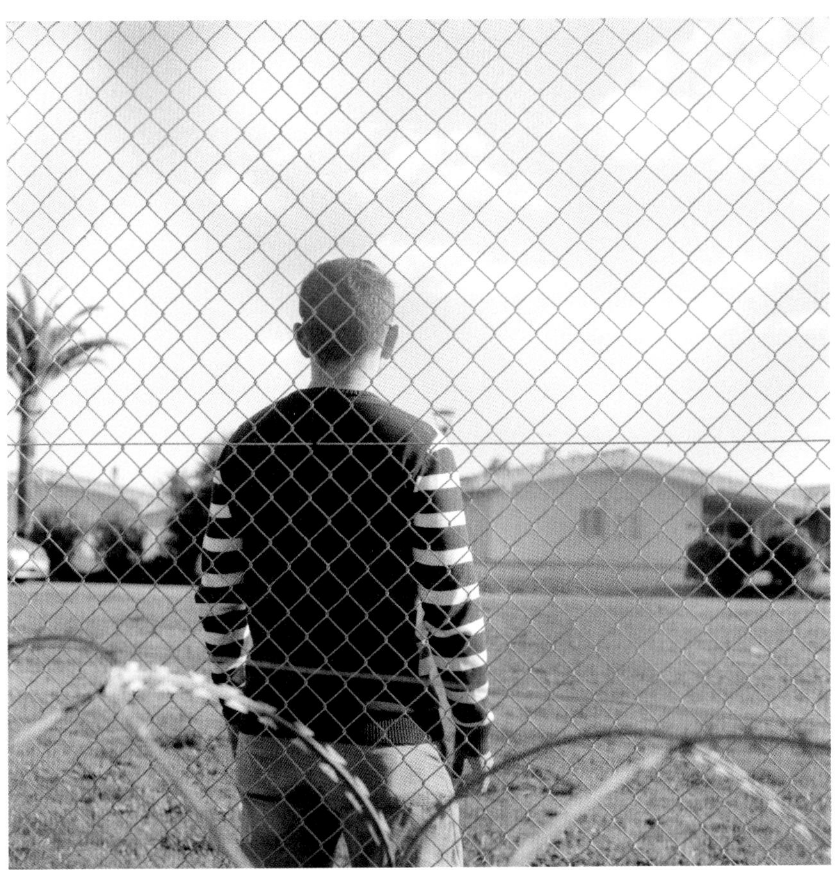

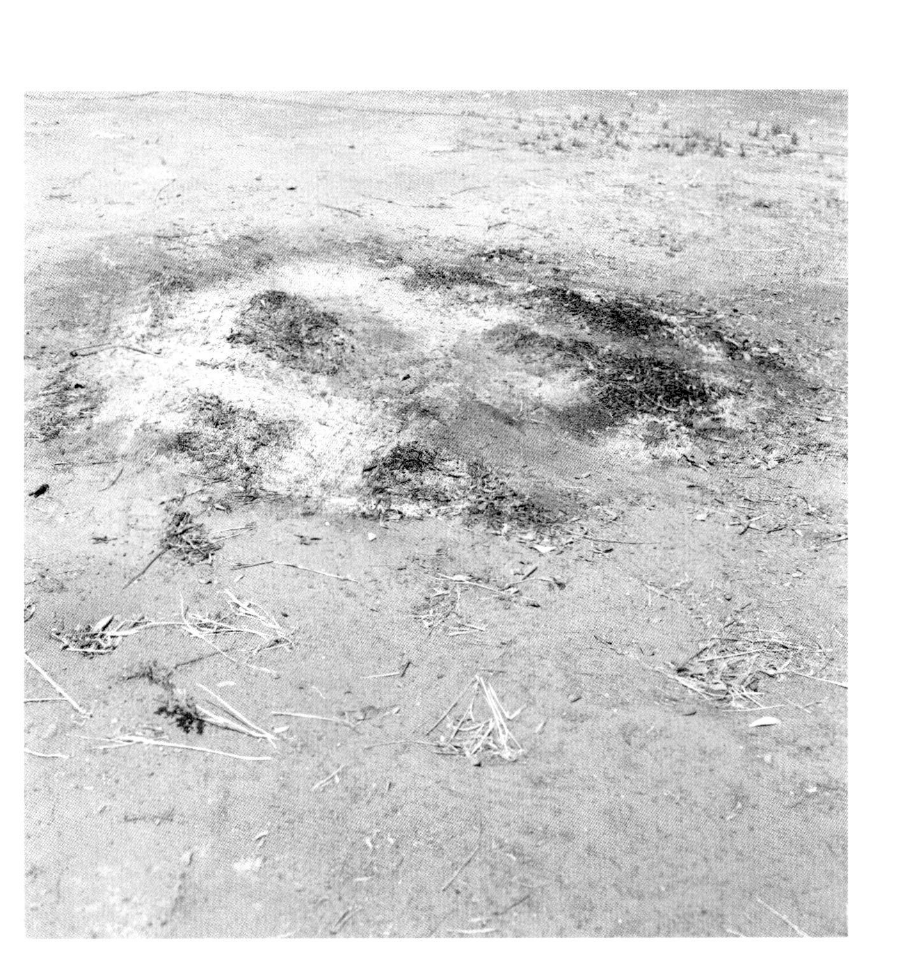

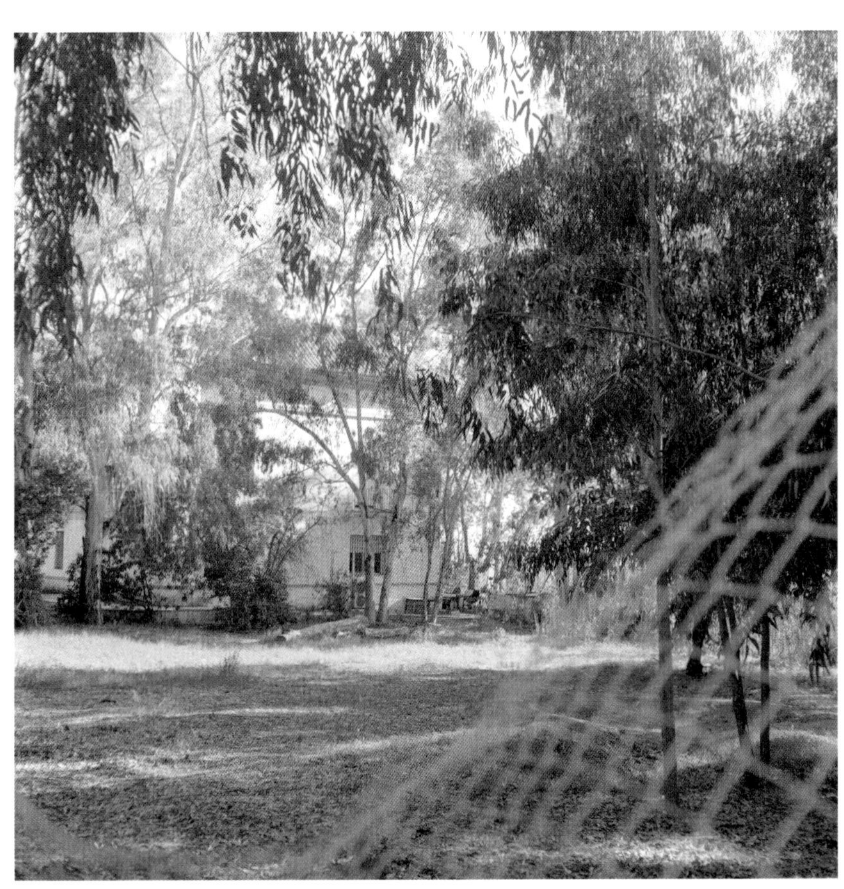

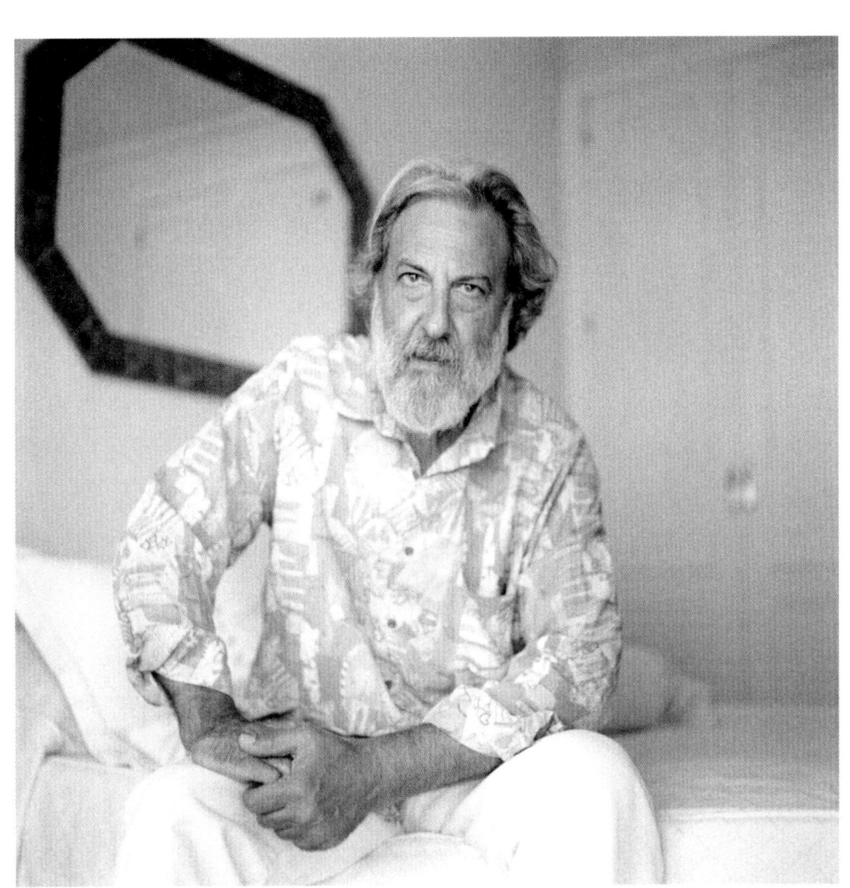

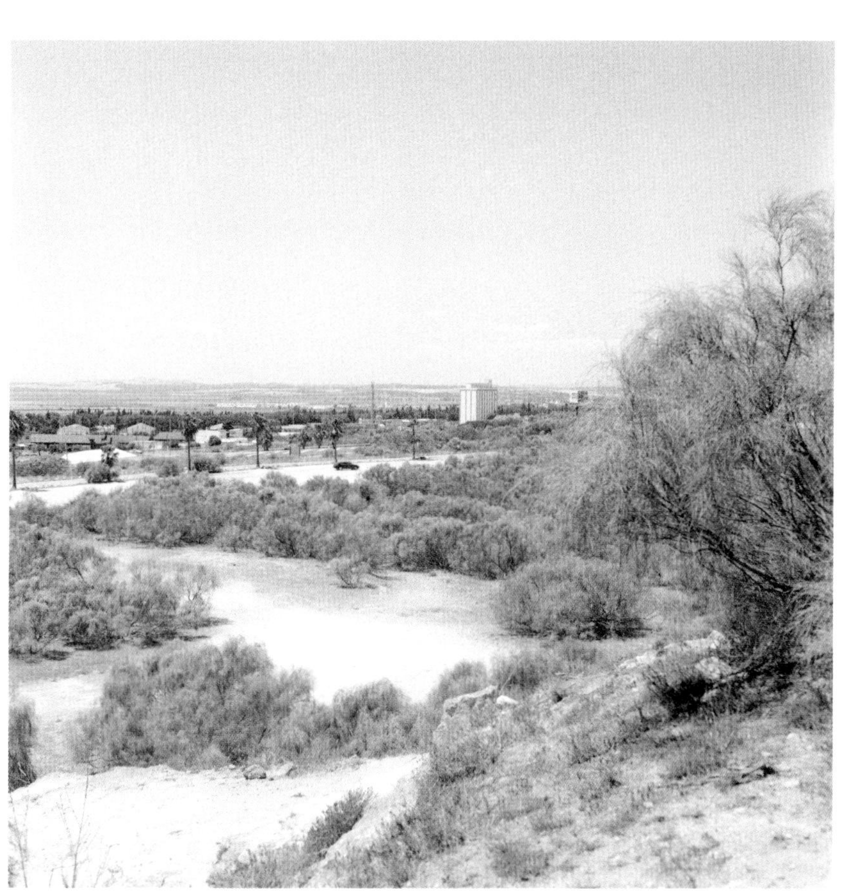

Imágenes ***Images***
Christian Lagata

Concepto y edición
Concept and editing
Christian Lagata y Walter Costa

Diseño ***Design***
Tres Tipos Gráficos

Coordinación ***Coordination***
Gonzalo Golpe

Preimpresión ***Prepress***
Víctor Garrido

Impreso en España por
Printed in Spain by
Grafilur Arte Gráfico

ISBN Fuego Books
978-84-943983-0-8
D.L. MU-409-2015

Edificio Constitución 1812
Paseo Carlos III, 3
11003 Cádiz, España

Carretera del Raal 6
30162 Santa Cruz, Murcia, España
www.fuegobooks.com

Primera edición ***First edition***
Mayo 2015 *May 2015*

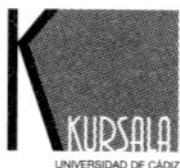

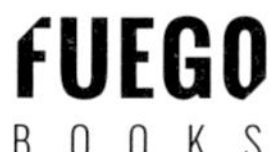

Gracias a ***Thanks to*** Marcos Carnero, Walter Costa, Talita Virginia, José Fernández, Daniel Sánchez, Jesús Micó, Gonzalo Golpe, John Fogerty.

A mi familia, especialmente a mi padre.
To my family, especially to my father.

Cuadernos de la Kursala nº49

Este libro fue publicado con motivo de la exposición *Up Around The Bend* que tuvo lugar en la galería Kursala de la Universidad de Cádiz desde el 21 de abril hasta el 12 de junio de 2015. Dicha exposición fue programada y comisariada por Jesús Micó y organizada por el Servicio de Extensión Universitaria del Vicerrectorado de Proyección Internacional y Cultural de la Universidad de Cádiz.

This book has been published on the occasion of the exhibition Up Around The Bend, *held at the Kursala gallery of the Universidad de Cádiz from 21 April 2015 to 12 June 2015. The exhibition was programmed and curated by Jesús Micó and organized by the University Extension Service of the Vice-Rectorate of International and Cultural Projection of the Universidad de Cádiz.*